金婷婷 1984年生，湖北仙桃人。现任中山大学艺术学院副院长、副教授。多年来从事声乐表演和教学，主要研究方向为中国近现代音乐史、诗词与音乐关系等，主持2020年度国家社会科学基金艺术学一般项目"近代声乐艺术与中国歌诗传统关系研究"。指导学生参加全国第五届大学生艺术展演荣获一等奖、广东省第四届大学生声乐比赛荣获一等奖等，个人荣获优秀指导教师奖。曾荣获第十五届CCTV全国青年歌手电视大奖赛银奖、文化部第十届全国声乐比赛银奖等。积极参与舞台艺术实践，2016年至2020年连续五年参加中央电视台春节联欢晚会；多次参演国家重大晚会：庆祝中华人民共和国成立70周年文艺晚会、改革开放40周年文艺晚会、建军90周年文艺晚会、建党95周年文艺晚会等。

音乐综艺节目发展历程及趋势探究

金婷婷 著

YINYUE ZONGYI JIEMU
FAZHAN LICHENG JI QUSHI TANJIU

中山大学出版社
·广州·

版权所有　翻印必究

图书在版编目（CIP）数据

音乐综艺节目发展历程及趋势探究/金婷婷著. —广州：中山大学出版社，2020.11
ISBN 978-7-306-07062-3

Ⅰ. ①音… Ⅱ. ①金… Ⅲ. ①音乐—电视节目—研究—中国 Ⅳ. ①G229.2

中国版本图书馆 CIP 数据核字（2020）第 228243 号

出 版 人：王天琪
策划编辑：嵇春霞
责任编辑：赵　冉
封面设计：曾　斌
责任校对：井思源
责任技编：何雅涛
出版发行：中山大学出版社
电　　话：编辑部 020-84111996，84113349，84111997，84110779
　　　　　发行部 020-84111998，84111981，84111160
地　　址：广州市新港西路 135 号
邮　　编：510275　　　传　真：020-84036565
网　　址：http://www.zsup.com.cn　E-mail：zdcbs@mail.sysu.edu.cn
印 刷 者：广州市友盛彩印有限公司
规　　格：787mm×1092mm　1/16　15 印张　188 千字
版次印次：2020 年 11 月第 1 版　2020 年 11 月第 1 次印刷
定　　价：58.00 元

如发现本书因印装质量影响阅读，请与出版社发行部联系调换

目　　录

序言 ··· 1

第一章　音乐类综艺节目的概念、诞生及发展历程 ············· 1

　第一节　与音乐类综艺节目相关的概念界定及本书
　　　　　研究范畴 ··· 1

　　一、音乐类综艺节目的研究领域、范畴、方法及
　　　　文献梳理 ··· 1

　　　（一）音乐类综艺节目的研究对象 ············· 1
　　　（二）音乐类综艺节目的研究现状 ············· 2
　　　（三）音乐类综艺节目的研究方法及主要
　　　　　　研究思路 ··· 5

　　二、音乐类综艺节目当前的发展背景 ············· 5
　　　（一）媒介技术与媒介平台的不断发展 ············· 6
　　　（二）音乐类综艺节目同质化现象严重，推动
　　　　　　垂直类节目发展 ····································· 6
　　　（三）互联网带来的用户思维引发音乐类综艺节目
　　　　　　关注受众 ··· 7

　第二节　音乐类综艺节目诞生的文化背景及媒介条件
　　　　　 ··· 8

　　一、我国音乐类综艺节目诞生的文化背景 ············· 9
　　　（一）物质、技术水平的提升激发大众娱乐天性
　　　　　　 ··· 9
　　　（二）泛娱乐化下媒体呈现受众本位趋势 ······ 10

（三）商业意识增强，音乐急需提升传播度
　　　　…………………………………………………… 11
二、音乐类综艺节目诞生的媒介条件 …………… 12
　　（一）电视媒介的发展 ………………………… 13
　　（二）互联网媒介的发展 ……………………… 14
第三节　音乐类综艺节目的发展历程 ……………… 16
一、音乐类综艺节目的雏形期 …………………… 17
　　（一）以青歌赛为代表的赛制类音乐
　　　　综艺节目 …………………………………… 18
　　（二）以《同一首歌》为代表的歌会类
　　　　音乐综艺节目 ……………………………… 20
二、音乐类综艺节目的快速发展时期 …………… 22
　　（一）发展期的音乐类综艺节目概况 ………… 22
　　（二）以《超级女声》为代表的发展期音乐类
　　　　综艺节目特征 ……………………………… 23
三、音乐类综艺节目的多元化时期 ……………… 28
　　（一）多元化发展时期音乐类综艺节目的
　　　　发展概况 …………………………………… 29
　　（二）以《中国好声音》为开端的多元化
　　　　音乐类综艺节目的发展 …………………… 31
　　（三）对海外引进音乐类综艺节目的创新手段
　　　　及策略 ……………………………………… 33
四、音乐类综艺节目的垂直细分期 ……………… 35
　　（一）垂直类音乐综艺节目产生的行业背景
　　　　…………………………………………………… 36
　　（二）音乐类综艺节目垂直化发展的相关政策、
　　　　技术和文化支持 …………………………… 37

　　　　（三）垂直划分对于音乐类综艺节目发展的
　　　　　　 价值体现 ………………………………… 39
第二章　音乐类综艺节目的类型划分 ……………… 46
　第一节　对音乐类综艺节目进行类型划分的必要性 … 46
　　一、音乐类综艺节目的数量和种类井喷式增长 …… 47
　　二、垂直细分已经成为音乐类综艺节目的发展
　　　　必然趋势 …………………………………… 48
　　三、垂直细分视野下的音乐类综艺节目能够在
　　　　一定程度上避免节目同质化 ……………… 50
　　四、用户思维模式下的节目类型划分有助于节目
　　　　自身突破本体圈层 ………………………… 51
　　五、音乐类综艺节目类型的精细划分是深度
　　　　发掘内容并进行创新的必要手段 ………… 51
　　　　（一）精细划分的音乐类综艺节目更容易寻找
　　　　　　 创新突破口 …………………………… 52
　　　　（二）对音乐类综艺节目进行精细划分有助于
　　　　　　 发掘小众领域的最优资源 …………… 53
　　　　（三）对音乐类综艺节目进行精细划分是有效
　　　　　　 利用综艺元素并传播小众文化的手段
　　　　　　 …………………………………………… 54
　第二节　基于节目内容的音乐类综艺节目垂直类型划分
　　　　　 …………………………………………………… 55
　　一、音乐表演类 …………………………………… 56
　　　　（一）以《即刻电音》为代表的电子音乐类
　　　　　　 节目 …………………………………… 56
　　　　（二）以《中国有嘻哈》为代表的说唱音乐类
　　　　　　 节目 …………………………………… 59

（三）以《国风美少年》为代表的国风类
    音乐综艺节目 …………………………… 63
 二、舞蹈表演类 ……………………………………… 65
  （一）率先创新的街舞类舞蹈表演综艺节目——
    《这！就是街舞》与《热血街舞团》
    ……………………………………………… 66
  （二）小众舞蹈领域的大众选秀狂欢——
    《舞蹈风暴》效应 ……………………… 71
 三、偶像养成类 ……………………………………… 76
  （一）偶像养成类节目诞生的政策及市场
    环境分析 ………………………………… 77
  （二）偶像养成类节目的叙事精神强化 ……… 79
  （三）偶像养成类节目所不容忽视的精良制作
    与包装 …………………………………… 80
  （四）通过节目设置和互动平台不断构建节目
    与受众之间的黏性 ……………………… 83
  （五）偶像养成类节目所面临的问题 ………… 85

第三章　音乐类综艺节目的特征呈现 …………………… 88
 第一节　节目内容包容性强 ……………………………… 88
  一、不同领域多元混搭 ……………………………… 90
  二、文化内涵层次丰富 ……………………………… 96
 第二节　节目注重形式美感 ……………………………… 101
  一、音乐之美外化于形 ……………………………… 102
  二、精致舞美提升美感 ……………………………… 106
  三、科技助力视觉呈现 ……………………………… 111

第四章　音乐类综艺节目面临的问题 …………………… 116
 第一节　音乐类综艺节目的策划内容 …………………… 116

目 录

一、模式同质化 ·· 117
    （一）类型与规则相似 ······································ 117
    （二）地点与情境封闭 ······································ 118

二、主题导向把控易失衡 ·· 119
    （一）对于音乐性的把控 ···································· 120
    （二）对于娱乐性的把控 ···································· 121

三、题材的选择与突破 ·· 122
    （一）大众题材难突破 ······································ 123
    （二）小众题材难破圈 ······································ 123
    （三）经典题材难翻新 ······································ 125

四、人物设置重复 ·· 127
    （一）人物身份过于集中 ···································· 128
    （二）素人选手重复出现 ···································· 130
    （三）人物间关系和情感单一 ································ 131
    （四）忽略次要人物的设计 ·································· 131

五、选歌方向狭窄 ·· 132

第二节 音乐类综艺节目的制作流程 ······························ 134

一、工业化体系待完善 ·· 134
    （一）工业化标准 ·· 135
    （二）工业化环节 ·· 136

二、人员架构的规范化 ·· 137
    （一）对从业人员的要求 ···································· 137
    （二）对管理体系的要求 ···································· 139

三、音乐专业性不足 ·· 140
    （一）前期筹备阶段 ·· 141
    （二）中期录制阶段 ·· 142
    （三）后期制作阶段 ·· 143

四、节目制作考量标准单一 …………………… 144
　　（一）唯流量论 …………………………… 144
　　（二）缺少多维思考 ……………………… 146
第三节　音乐类综艺节目的呈现形式 ……………… 147
一、视觉呈现 …………………………………… 147
　　（一）音乐影像化建构的不足 …………… 147
　　（二）影像与声音系统的不协调 ………… 149
二、听觉呈现：话语功能的沦陷与失序 ……… 152
三、故事呈现："造星"与"推歌"的
　　　二元对立 ……………………………… 154
四、价值呈现：过度包装带来的内涵不足 …… 157
第四节　音乐类综艺节目的传播 …………………… 159
一、节目本体的传播问题 ……………………… 160
　　（一）碎片化传播与维护整体性的矛盾 … 160
　　（二）话题营销中的导向偏移 …………… 161
　　（三）品牌信任的缺失 …………………… 163
二、节目中音乐的传播问题 …………………… 164

第五章　音乐类综艺节目的未来发展趋势探究 ……… 166
第一节　内容发展专注于专业领域的深耕与引领 …… 167
一、内容创作领域垂直细分 …………………… 167
　　（一）用户圈层化掀起垂直细分潮流趋势
　　　　　……………………………………… 168
　　（二）垂直细分推动综艺节目转型趋势 … 170
二、小切口深挖掘，小众文化"出圈"趋势明显
　　　……………………………………………… 172
　　（一）垂直细分发展的音乐类综艺节目 … 173

　　　　（二）小众内容大众化，推动节目"出圈"
　　　　　　…………………………………………………… 175
　　三、节目专业度升级，引领大众审美…………………… 177
　　　　（一）观众审美水平提升 ……………………………… 177
　　　　（二）节目内容专业度提升 …………………………… 178
　　　　（三）平衡大众性与艺术性，提升节目价值
　　　　　　…………………………………………………… 180
第二节　形式媒介化视听奇观趋势凸显…………………… 182
　　一、媒介技术升级引发影视产业变革趋势升级
　　　　…………………………………………………………… 183
　　　　（一）媒介技术进步趋势明显，推动媒介本体
　　　　　　融合 ……………………………………………… 183
　　　　（二）媒介融合趋势增强，促进影视作品变革
　　　　　　…………………………………………………… 184
　　二、创新趋势鲜明，平台传播营造沉浸式体验
　　　　…………………………………………………………… 186
　　　　（一）多元化互动手段提升观众体验感 ……… 187
　　　　（二）全媒体网状传播提升节目黏性 ………… 189
　　三、技术进步推动节目制作大规模趋势化升级
　　　　…………………………………………………………… 192
　　　　（一）技术进步赋能制播流程创新 …………… 193
　　　　（二）多媒体技术升级打造视听奇观 ………… 195
第三节　传播效果趋势上引领本土文化价值实现……… 198
　　一、从过度娱乐到传播本土优秀文化的转变趋势
　　　　…………………………………………………………… 199
　　　　（一）娱乐至上型综艺节目不再受到瞩目
　　　　　　…………………………………………………… 199

（二）过度娱乐的弊端显现，推动转变 ……… 200
　二、弘扬本土文化，增强文化自信的趋势……… 202
　　（一）树立文化自信，加强文化担当 ……… 202
　　（二）增强节目底蕴，弘扬传统文化 ……… 203
　　（三）提升本土化意识和中国式表达 ……… 205
　三、坚持正确价值引领，弘扬正能量的思想趋势
　　……………………………………………… 208
　　（一）节目平衡社会责任与经济效益 ……… 208
　　（二）提升节目审美品位，寓教于乐 ……… 209
　　（三）贴近大众，传递价值观，弘扬正能量
　　……………………………………………… 211
结论……………………………………………… 214
参考文献………………………………………… 217

序　言

　　本书以音乐类综艺节目为研究对象，通过案例分析、对比研究等方法，对音乐类综艺节目的发展历程及未来趋势进行探究。首先，本书对音乐类综艺节目的发展概况进行研究，通过分析其诞生背景、发展历程、现状等，对音乐类综艺节目的研究范畴进行概念界定，进而探讨此类节目的类型，让读者对其有一个宏观的了解。其次，本书对音乐类综艺节目的具体亚类型划分进行垂直分类探索，探寻不同类型的音乐类综艺节目在音乐产业背景下，与媒介平台之间的互利共生关系；同时，对音乐类综艺节目的特征及存在问题进行系统分析，分析视角包括策划、制作、传播等维度，结合文化政策与市场大环境，寻找该类节目在当前媒介融合时代发展过程中所存在的问题，涉及的理论学科包括音乐学、广播电视艺术学、社会学、传播学等。最后，本书将从题材、内容制作、管理政策等方面来展望未来的发展方向，包括音乐文化与媒介之间的融合和电视综艺文化如何利用好音乐元素进行垂直领域深耕。本书亦希望能够借此次研究，尽可能全面地对音乐类综艺节目进行行业探索，以便寻找到更有效的节目创作及生产机制，让更多的读者感受到音乐类综艺节目所带来的积极社会价值和精神文化动力支持。

第一章 音乐类综艺节目的概念、诞生及发展历程

本章主要对音乐类综艺节目进行宏观概览,分别从音乐类节目的概念界定、诞生的文化背景及媒介条件和发展历程三个方面进行论述。

第一节 与音乐类综艺节目相关的概念界定及本书研究范畴

本节首先要对与音乐类综艺节目相关的概念进行界定,厘清研究对象所包含的内容范畴,同时对研究方法及已有的研究文献进行系统梳理。

一、音乐类综艺节目的研究领域、范畴、方法及文献梳理

(一)音乐类综艺节目的研究对象

本书研究的对象是音乐类综艺节目,主要包括音乐表演类综艺节目、音乐选秀类综艺节目、以音乐人和音乐叙事为主体的体验类真人秀以及具有舞蹈元素的综艺节目。

宏观意义上的音乐类综艺节目包括表演、比赛、选秀、真人

秀等不同的呈现形式，集音乐、歌舞、小品、戏曲、杂技等多种文艺样式于一体，在相应的时间长度内，按照一定的策划主题，通过主持人或字幕进行串联，以视听语言手段展示节目的元素，展示的过程中，不断突出对音乐艺术的强化，具有一定的知识性、娱乐性、趣味性和审美性特征。音乐类综艺节目既离不开媒介手段，也需要商业传播，是当代视听产业发展下的热门产品。在已有的对这一节目类型进行界定的研究文献中，较为典型的是高鑫教授关于电视综艺节目的宏观概念，其在著作《电视艺术学》中指出：电视综艺是一种充分调动电子的技术手段，对各种文艺艺术样式进行二度创作，既保留原有文艺形态的艺术价值，又充分发挥电子创作的特殊艺术功能，给观众提供文艺娱乐和审美享受的电视节目形态。[①] 这一定义不断强调综艺节目不同于传统电视节目（如新闻）的典型特征——艺术性，这一特征是当下音乐类综艺节目的最大特色，在注重视听艺术本身质量的前提下，为受众提供艺术审美享受。在当前媒介融合发展的互联网时代，音乐类综艺节目更加体现出节目内容的多样性和呈现形式的复杂性，充分运用了技术手段，对多种文艺形式进行了基于媒介融合特质的二度创作，同时，注重现场互动效果的呈现与观众的体验。

（二）音乐类综艺节目的研究现状

音乐类综艺节目研究存在大量的文献资料，但其中针对当前媒介融合时代下节目现状的研究则较少，关于垂直类音乐综艺节

[①] 高鑫：《电视艺术学》，北京师范大学出版社1998年版，第382页。

第一章　音乐类综艺节目的概念、诞生及发展历程

目①的文献则更少见，这与垂直类音乐综艺节目备受欢迎的状态形成了理论学界与实践业界之间的巨大鸿沟。因此，借鉴前人已有成果，对当前音乐类综艺节目的发展、特征及趋势进行学理研究，具有重大意义。具体而言，对音乐类综艺节目现状的研究文献包括如下几个维度。

1. 电视艺术文化与传播理论

对电视艺术文化，乃至传媒艺术文化现状进行研究，是本书的理论环境建构渠道，这其中包括与音乐综艺密切相关的媒介文化，也包括宏观意义上的主流文化、亚文化等。较为典型的文献是 4 篇与网络综艺节目文化环境密切相关的论文：许倩倩的《纯网综艺的青年亚文化解读》、王真的《抵抗与收编——新媒体环境下青年亚文化群体的身份认同建构》、周敏的《网络综艺与青少年发展之研究综述》、李婷的《当代青年亚文化视角下的纯网综艺节目研究》。此外，电视文化一直是音乐类综艺节目文化理论建构的来源，本书也参考了几篇文献，包括刘婷的《中国电视文化身份的新世纪转向》、李昕萌的《约翰·费斯克电视文化理论视域下的女性形象编码方式解读》。本书亦参考了罗茜的《中国独立音乐的亚文化研究》，但因其讨论的是传统音乐艺术的文化研究理论，与本书的整体研究关联度不大，因此只作为垂直类节目的研究背景借鉴。

2. 互联网综艺节目与垂直类综艺节目

音乐类综艺节目发展至今，最为典型的两个特征是互联网化与垂直化。因此，对互联网综艺节目和垂直类综艺节目的研究必不可少，这方面相关的文献也是本书在进行理论研究的过程中参

---

① 垂直类音乐综艺节目是指经过精细化发展后的音乐类综艺节目。具体讨论请见本章第三节。

考的重点。

音乐类综艺节目的发展生态环境建立于互联网节目飞速发展的基础上,相关理论文献包括张稳的《纯网综艺节目的创作模式与传播特征》、喻淏源的《近三年中国纯网综艺节目研究》、潘亚楠的《互联网综艺热现象研究》、李建伟的《互联网+背景下纯网综艺节目的价值导向研究》。

分析音乐类综艺节目在垂直化发展的过程中出现的趋势与特征的文献包括刘戈的《音乐综艺节目的调整和转型方式》、王梓懿的《新形势下我国综艺节目垂直化创新发展研究》、李玲的《我国音乐选秀类节目的创新与传播——以〈中国有嘻哈〉为例》、许哲敏的《从〈幻乐之城〉看原创音乐类节目的创新》、信潇和雷雅的《从〈一起乐队吧〉看我国网络自制音乐综艺节目的突破与创新》、余宁的《〈声临其境〉——垂直类综艺成功之道》、赵亚欣的《爱奇艺自制综艺现状及发展趋势研究》、刘波维的《电视综艺节目垂直细分传播研究》、刘红叶的《从〈创造101〉看国内偶像养成节目的发展现状与困境》、柯弄璋的《街舞类综艺节目的设计与制作——以〈这!就是街舞〉及〈热血街舞团〉为例》。

3. 音乐类综艺节目的传播与未来领域

音乐类综艺节目在当前互联网时代需要强大的传播渠道与传播手段,这不仅影响着节目自身的发展趋势及生存空间,也影响着节目内容、节目风格与节目定位。此外,音乐类综艺节目在传播和发展过程中也面临一些问题。在上述领域,本书也借鉴了一些已有的研究资料,包括胡满江的《浅析小众文化自制网综的成功之道——以〈乐队的夏天〉为例》、刘茜和王雪雁的《浅谈"小众音乐"》、李春阳的《小众文化节目的大众化传播探索——以〈声入人心〉为例》、唐文和的《自制小众文化网综的大众化探索——以〈中国有嘻哈〉为例》、戴旦旦的《中国当代电视选秀节目中流行音乐发展的问题与对策》、黄兰椿的《"走出去还是引进来"——简析我国音乐类节目发展困境》。

（三）音乐类综艺节目的研究方法及主要研究思路

本书主要使用历史研究法、案例分析法和对比分析法，通过对音乐类综艺节目的特征及发展趋势进行探究，发现该类节目具体存在的问题，提出该类节目突破圈层（即所谓的"破圈"）、抵达不同圈层受众的手段。具体研究方法及思路如下。

1. 历史研究法

通过对音乐类综艺节目的发展历程进行梳理，分析不同历史阶段下音乐类综艺节目的呈现特征、发展趋势以及视听手段，提出媒介与节目之间的互动关系，为该类节目在不同阶段存在的问题寻找依据，同时结合具体经典案例进行详细剖析。

2. 案例分析法

通过对不同类型的音乐类综艺节目的具体案例进行定性分析，归纳总结其特征及不足之处，充实论据，同时通过各个阶段的音乐类综艺节目案例，提炼节目的不同表现手法与传播圈层，增强对该类节目的整体、宏观认识。

3. 对比分析法

对已有的音乐类综艺节目进行相同的亚类型对比，通过对比寻找不同垂直类音乐综艺节目的差异，加深对节目的理解，得出更为全面、细致的结论。

二、音乐类综艺节目当前的发展背景

音乐类综艺节目当前的发展背景主要包括：媒介技术与媒介

平台的不断发展；音乐类综艺节目同质化现象严重，垂直类节目因而得到发展；互联网带来的用户思维引发音乐类综艺节目关注受众。这三方面在技术、内容以及用户三个维度体现出不同类型的发展面貌。

（一）媒介技术与媒介平台的不断发展

伴随着媒介技术、媒介平台的不断成熟和完善，以及媒介视听艺术种类的增多，音乐类综艺节目在近十年间，发展成广播电视文艺节目中最为重要的组成部分，数量增长迅猛，精品频出，"爆款"节目也成为综艺节目领域的热点，甚至带动了其他与互联网媒介相关的音乐产品客户端的需求。尤其是伴随着移动互联网时代的媒介环境发展，音乐如何借助综艺手段表达自身的文化内涵，成为当前电视文艺工作者进行音乐类综艺节目创作的重点关注领域，这也符合党的十九大报告所提出的"中国特色社会主义进入新时代，我国社会主要矛盾已经转化为人民日益增长的美好生活需要和不平衡不充分的发展之间的矛盾"这一论断。人们对美好生活的需要不断提升，审美的需求也在提升，加强高质量社会主义文艺作品在媒介平台中的输出，有利于满足受众多种精神文化需求。

（二）音乐类综艺节目同质化现象严重，推动垂直类节目发展

音乐类综艺节目的体量不断增加，产生了严重的同质化现象，出现了不断盲目寻找题材蓝海，节目与节目之间抄袭不断，过度依赖有限的流量明星，选手资源无法满足节目数量发展的需求，续集缺乏创新等问题。为了改变这一现象，音乐类综艺节目开始进行个性化、差异化、小众化的垂直发展，希望能够改变该

第一章 音乐类综艺节目的概念、诞生及发展历程

类节目一味追求利润而忽视节目价值与内涵的现状。之所以能够从垂直深耕角度来发展音乐类综艺节目,主要是由于音乐自身具有漫长的发展历史,且特征明确、体系完备,能够在小众领域形成垂直化的内容支撑。因此,在传统音乐、电子音乐、摇滚和嘻哈等亚文化音乐领域中,均出现了综艺节目,使得音乐与综艺之间的结合增加了内容上多元化的可能性,同时也提高了不同音乐文化在当前传播媒介领域中的价值并深化了其内涵。

例如,在精准用户思维以及音乐综艺商业市场的大力度投资带动下,2017年,爱奇艺推出了小众垂直类音乐类综艺节目《中国有嘻哈》,聚焦音乐表演领域中的说唱,成功完成了垂直竞技类音乐类综艺节目的打造,对后期出现的街舞题材、电子音乐题材等音乐类综艺节目的产生有深远影响。在《中国有嘻哈》的影响下,其他音乐类小众题材的综艺节目不断产生,包括优酷出品的《这!就是街舞》、爱奇艺出品的《热血街舞团》和《国风美少年》、腾讯出品的《即刻电音》、湖南卫视出品的《声入人心》等,成为音乐类综艺节目的典范,同时也引发了其他综艺题材对垂直领域的关注。

(三)互联网带来的用户思维引发音乐类综艺节目关注受众

互联网媒介的发展为综艺节目带来的最大变化是用用户思维策划和制作节目,在音乐类综艺节目中,这一改变尤为突出。对音乐艺术的喜好与追求是受众多年来形成的日常休闲习惯,而国家经济、文化的发展也使得国民素质不断提升,对音乐艺术的品位有了更高的要求。不同群体的用户有着自己独立的审美观与价值判断,音乐类综艺节目需要进行创新和专业化提升,体现节目本身的专业艺术水准,这样才能够在复杂的综艺节目市场环境

中，通过自身的内容特色吸引最广泛的用户群体，输出有艺术价值的内容，并根据用户的反馈进行用户画像描绘，利用节目和专业能力强的艺人增强粉丝黏性，有效传播音乐文化，打造行业品牌。

第二节　音乐类综艺节目诞生的文化背景及媒介条件

音乐类综艺节目作为电视综艺节目的重要形态之一，从诞生至今，二十几年来长盛不衰。一方面，它是大众文化的一部分，极度贴合大众的需求；另一方面，各种新媒介的发展为它提供了更多的发展途径。

近年来，我国涌现出大量音乐类综艺节目，从《同一首歌》到《超级女声》，从《中国好声音》到《我是歌手》，从《中国有嘻哈》到《经典咏流传》，现象级节目频出。有数据显示，2019年仅优酷、爱奇艺、腾讯三大视频网站的音乐类综艺节目，就在同时段综艺节目中占比25%，音乐类综艺节目已成为国内第一大综艺类型。音乐这一艺术形式本身具有广泛的群众基础，也适合在屏幕上展现。自音乐类综艺节目诞生以来，经历了从电视到移动互联网的变革，不断更新表达形式以满足大众的审美与需求，中国观众早已习惯音乐类综艺节目的陪伴。占优势的节目数量、庞大的收视群体，都证明了音乐类综艺节目在我国综艺节目中的地位。

本节在对综艺节目在我国诞生的文化背景和媒介条件两个方面进行研究后，还将进行系统的总结与提炼，力图对综艺节目诞生的条件进行更为直观的解剖。

第一章　音乐类综艺节目的概念、诞生及发展历程

一、我国音乐类综艺节目诞生的文化背景

改革开放后，我国社会文化氛围开始发生变化，流行音乐文化快速发展，大量健康明朗、富有自然情趣、去政治化的流行歌曲深入人心，也促进了我国音乐类综艺节目的诞生。音乐类综艺节目作为主流综艺类型，在世界各国的收视榜中几乎都名列前茅，它的诞生及发展背后，离不开大众审美意识、价值观念、意识形态、文化心理等文化背景的变化发展。

因此，我国音乐类综艺节目诞生的文化背景可以被概括为：物质、技术水平的提升激发大众娱乐天性，泛娱乐化下媒体呈现受众本位趋势以及商业意识增强，音乐急需提升传播度等方面。

（一）物质、技术水平的提升激发大众娱乐天性

自改革开放以来，人们的物质生活得到极大满足，文化程度也普遍提高，社会观念和舆论更为开放与自由，社会生活呈现繁荣开放的态势。经济条件的改善让人们向往更多姿多彩的生活，人们开始更加关注精神世界的享受，人类追求娱乐的天性被激发出来。但同时，经济社会的高速发展加重了人们的精神压力，人们迫切渴望通过娱乐放松身体、宣泄情绪、慰藉心灵。

与此同时，大众传媒技术高速发展，电视制作技术与水平不断提升，电视作为先天追求娱乐的媒介，会随着科技和社会思潮的变化发展呈现出新的样式，刚好契合并进一步激发人们追求娱乐的天性。《娱乐至死》中指出，"人们看的以及想要看的是动

感的画面——成千上万的图片,稍纵即逝然而斑斓夺目"①。电视节目抛弃抽象,把一切都变得具体化,把大众生活各个方面都变成娱乐的形式,丰富的视听手法给观众最简单直观的多感官刺激,让观众从中获得娱乐快感。因此,看电视成为最有群众基础的解压消遣方式。

音乐作为声音艺术,与人类的情感体验最为接近,相对容易普及,经历千百年的发展,一直是最受大众喜欢的艺术形式之一。然而,随着物质、技术水平的发展,人们已不再满足于简单的唱歌或听歌,大量音乐类综艺节目应运而生。电视技术的发展让音乐艺术得到了更立体的表现,音乐有了具体的画面,人们能看到绚烂的舞台效果、乐手的激情演奏、歌手演唱时的表情,音乐与观众的距离被拉近了,在节目中,观众仿佛经历一场扣人心弦的竞技或是牵肠挂肚的情感交流。这种视听结合的精神享受很好地满足了人们的娱乐天性,这便是音乐类综艺节目从诞生到现在长盛不衰的原因所在。

(二)泛娱乐化下媒体呈现受众本位趋势

大众的娱乐天性被激发出来后,对文化产品的需求猛增,我国电视节目也随之呈现出泛娱乐化特征。泛娱乐化表现为人们不再崇尚高雅、耐人寻味、给人启迪、催人奋进的文化,而是消磨在浅薄、通俗、低级的文化中。我国居民的收入水平大体呈金字塔形,电视节目的主要观众群体处于金字塔中下部分,对严肃、高雅、古典的艺术兴趣不大,更偏好通俗易懂的娱乐节目。以2014年的《中国好声音》和国民级新闻栏目《焦点访谈》的收

---

① 波兹曼著,章艳译:《娱乐至死》,广西师范大学出版社2004年版,第120页。

视率为例，二者的收视率分别是 4.19% 和 3.98%，娱乐节目更受关注，也自然成为各大电视台制作的主要内容。改革开放以后，观众对电视节目的需求越来越精细化、多元化，单调的节目形态如单纯在电视上表演唱歌已不能满足观众的需求。对于电视台而言，观众即市场，收视率是生存的必要条件，因此，电视台不断改进创新，提升观众的参与感，满足观众的娱乐需求，让观众不再简单地看节目，而是扮演更加重要的角色，他们的意见影响甚至决定着节目的制作方向。电视节目呈现出受众本位趋势，电视观众享受并沉浸在掌握话语权的愉悦感中。

在此趋势下，具有强大包容性、开拓空间和群众基础的音乐类综艺节目随之诞生并快速发展。在音乐类综艺节目中，制作人可以用各种手段调动观众的积极性，例如，在选秀类音乐综艺中，引入大众评审、大众投票等机制，让观众产生把握赛程走向的满足感。随着观众审美口味日益多元化，音乐类综艺节目不断推出各种"音乐+"新模式，如"音乐+选秀""音乐+诗词""音乐+演员""音乐+游戏"等，呈现出丰富、创新、开放、参与、融合等特征，充分满足观众各式各样的需求。满足受众的欲望是大众文化发展的动力之一，音乐类综艺节目因此诞生并发展成最受大众喜爱的节目类型之一。

（三）商业意识增强，音乐急需提升传播度

随着改革开放的春风，我国经济高速发展，市场化不断加深，全社会的商业意识大大增强。我国大众传媒行业在商业化的影响下，传媒运行机制开始不断变革，电视媒体的运营性质发生变化，逐渐建立自负盈亏的模式。有人提出，我国电视节目分为三个年代，20世纪50年代至80年代以宣传品为追求，80年代中期到90年代中期以作品为追求，90年代中期到现在以产品为追求。自负盈亏后，计划经济体制下作为主流文化喉舌的电视媒体，面对巨大的创收压力和无限的市场潜力，开始重新定义自己的文化身份，向大众化、商业化靠近，不断培养并增强商业意识，使出浑身解数以提高收视率，以期获得更多的广告收益，电视节目出现明显的商业色彩。

与此同时，音乐行业迫切需要更好的平台来提高传播度。原有的以商演和唱片售卖为主的盈利模式在互联网盗版等因素的影响下逐渐没落，唱片行业辉煌不再，歌手商演的机会时有时无，竞争激烈，并且每场演出因场地限制导致观众数量有限，传播度不佳。成功商业化的电视综艺节目让音乐行业看到曙光，将音乐与综艺节目结合，大量音乐类综艺节目被制造出来。音乐类综艺节目不仅让电视台收视率飙升，获得大量广告收益，也大大提升了音乐的传播度，电视节目拥有更丰富的表现手段和更多的观众数量，大量金曲广为传唱。此外，它还带动了音乐产业的发展，并带来了一定的盈利，歌手们在节目中得到更多曝光，获到事业发展新契机，商业价值迅速提升。正是商业利益和传播需求的强大推力，催生了音乐类综艺节目。

二、音乐类综艺节目诞生的媒介条件

波兹曼指出，"我们的文化正处于从以文字为中心向以形象为中心转换的过程中"，"某个文化中交流的媒介对于这个文化精神重心和物质重心的形成有着决定性的影响"。[①] 每一次媒介的演进不仅会改变人们的思维方式、审美偏好、信息接收习惯，

---

① 波兹曼著，章艳译：《娱乐至死》，广西师范大学出版社2004年版，第11页。

还会带来艺术创作、产业链重塑等一系列嬗变。新中国成立以来，我国大众经历了印刷媒介、广播媒介、电视媒介、网络媒介四种媒介环境，音乐类综艺节目的诞生与发展离不开以下两种媒介的不断进步。

（一）电视媒介的发展

20世纪以前，音乐经历了从粗疏易变的口头传播到乐谱传播。20世纪以后，随着留声机和唱片技术的发展，人们第一次以听觉的方式存储并复现声音信息，改变了音乐的传播方式。唱片、录音磁带体积轻便，能突破时空限制，让一首歌通过广播等媒介被更多人听到，丰富了人们的精神生活。但此时，大多数人对音乐的享受只停留在听觉上，直到电视的出现。

我国早期的电视节目中，文艺表演类节目囿于当时的设备和技术所限，无法在播出前进行后期制作，大多是在剧院实况转播艺术演出，如1959年后每年的"五一""十一"晚会却也都在社会上引起了巨大反响。20世纪八九十年代，电视机在我国快速普及，走进千家万户。当时几乎每个家庭都有一台电视机，摆放在客厅最中间最显眼的位置，电视成为家庭娱乐的重要媒介，看电视也成为大众的娱乐需求。随着录播技术的发展，我国的电视制作人开始探索适合电视播出的音乐节目，出现了一批新颖时尚的音乐栏目，如《每周一歌》《旋转舞台》《音乐桥》等，电视台通过这些定时、定量播出的电视栏目，与观众建立起约会机制，这就是音乐类综艺节目的雏形。

进入21世纪以后，电视技术快速提升，直播与录播技术都越来越成熟，能够承载更丰富的节目形态，电视节目的制作更加专业化。观众对电视节目也有了更多元化的需求，媒体间的竞争愈演愈烈，为了抓住观众的注意力，制作组想方设法在电视节目中融入更多元素以提升节目丰富度，出现了越来越多综艺节目，音乐类综艺节目由此诞生。录播技术的成熟催生了《同一首歌》，短信投票互动技术的运用促成了《超级女声》的火爆，之后，电视不断提升声画质量，丰富视听表达，《中国好声音》《我是歌手》等给观众带来视听盛宴，成为现象级节目。音乐类综艺节目从诞生到风靡全国，离不开不断更新发展的电视媒介的推动。

（二）互联网媒介的发展

互联网媒介的问世再次给大众传媒领域带来巨大变革，传统媒体与新媒体逐渐走向联合。互联网带来的不受时空限制的海量信息占据了人们大量的时间，导致电视收视率逐年降低。互联网冲击着传统电视平台，出现了综艺节目网络播放量反超电视的现象，音乐类综艺节目开始同大多数综艺节目一样，不断推陈出新，经历了从制播分离、台网联动到网络自制的演变。尤其是网络自制风潮席卷节目制作界之际，大量电视节目制作奔至视频网站，制作出一系列风靡一时的音乐类综艺节目，如《中国有嘻哈》《创造101》等。互联网有更轻松自由的创作环境、更广阔的传播空间以及更多元的商业变现模式，为音乐类综艺节目提供了更多的机遇。节目在音乐类型和音乐呈现形式上下足功夫，将各种元素破壁重组，抢占市场份额，音乐类综艺节目呈现井喷式发展。

在互联网的影响下，大众传媒进入媒介融合时代，给音乐类综艺节目带来更大的创新开发空间。首先，节目实现了跨越时空的多屏传播，观众可以随时随地通过移动设备收看自己喜欢的节目；并且不同于电视仅有一次的播放方式，网络节目可反复播放，节目传播力因而得到提升。其次，节目有了更多的互动手段，互联网让传者与受者的即时互动成为现实，有效激活了观众的参与感与创造性。例如，湖南卫视《我想和你唱》颠覆了传统音乐类综艺节目样式，观众可通过唱吧 App 实现和明星同台合唱，观众变成节目内容的直接制造者，体现出互联网交互式特征，扩大了节目的影响力，获得了良好的传播效果。再次，媒介融合带来的传播矩阵，突破传统媒体的单向、滞后传播，将节目中的宣传点在网络上全面扩散形成"刷屏"。例如，《经典咏流传》"1+4"的融媒体跨屏交互传播模式，为每首歌定制 H5、微信公众号、短视频、音频等传播物料，节目播出时还能通过"摇一摇"实现大屏小屏互动，大大提升了节目影响力。此外，VR、全息影像、360 度影像等技术让音乐类综艺节目的影像形式更加多元，给用户带来更强的沉浸感与互动感。媒介融合时代，音乐类综艺节目不断跨界融合，垂直深耕，打开了更多可能性和创新空间。

有国内学者提出，在智能化趋势下，从技术和用户角度出发，媒体未来将发展为"智能媒体"，技术将重塑用户和媒介内容、创新节目制播方式。可以预见，音乐类综艺节目又将迎来翻天覆地的变化。

我国的音乐类综艺节目从诞生之初便广受大众喜爱，并随着媒介环境的发展不断融入真人秀、竞技、游戏、传统文化、明星等元素而进化升级。作为大众的精神消费品，它体现着大众文化的变迁发展，极大满足了大众的娱乐需求，经历 20 多年的发展，依旧在综艺类型中占据重要位置。媒介融合时代的到来，技术手段日新月异，大众的需求与审美也有了更多的变化，新时代的节目制作者需牢牢把握新的时代趋势，在坚持内容为王的基础上，利用新技术资源，不断扩张音乐类综艺节目的边界；同时不忘初

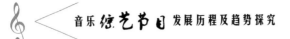

心,始终坚持制作符合大众需求的优质节目内容,相信我国音乐类综艺节目必定能迎来新的发展局面。

第三节　音乐类综艺节目的发展历程

音乐类综艺节目逐渐形成并发展,大致经过了以下四个发展阶段。

第一阶段的起点可以追溯到1984年的第一届全国青年歌手电视大奖赛。节目以赛制选秀为主,通过专业比赛及评委打分选拔全国最优秀的歌唱选手,并对其作品进行商业化包装,同时进行歌会、晚会的开发。

第二阶段,音乐类综艺节目的典型代表为湖南卫视的《超级女声》。草根选秀成为主流,突破专业、唱法限制,全民参与,致大量节目跟风模仿,与其说这一阶段的音乐类综艺节目的核心是音乐,不如说是建立在音乐元素基础上的真人秀。这一阶段产生的一系列音乐综艺节目皆存在艺术价值不高、歌手专业度不够等情况,影响了整个行业的生态,造星、迅速成名成为音乐圈乃至演艺行业的弊病。

第三阶段则体现为音乐类综艺节目中音乐专业本体的回归。2012年,浙江卫视的《中国好声音》引发受众对专业音乐人才的重视。后来,湖南卫视推出《我是歌手》、北京卫视推出《跨界歌王》、江苏卫视推出《蒙面唱将猜猜猜》,皆体现出音乐专业素养本身在综艺节目中的重要性。专业与明星、综艺出现了融合发展的趋势,但这一阶段存在节目版权引进过程中水土不服等问题。

第四阶段则体现为音乐类综艺节目开始往垂直领域深耕,题

第一章 音乐类综艺节目的概念、诞生及发展历程

材、内容皆小众化。一方面,《中国有嘻哈》《即刻电音》《经典咏流传》等小众题材的节目不断"出圈"①;另一方面,偶像养成类节目受到了年轻受众群体的青睐,《创造营》系列和《青春有你》系列不断在偶像养成过程中增加故事、冲突,使音乐围绕人物这一核心展开,音乐的功能在节目中表现出附属和淡化的趋势。

经历了世纪之交,音乐类综艺节目发展至今已经多次变化与转型,不论是地方卫视的异军突起,还是海外版权的大量引进,全国音乐类综艺节目的发展速度不断加快。到了如今的媒介融合时代,收看音乐类综艺节目更进一步发展成为人们日常生活中不可缺少的娱乐活动。

综上所述,我国音乐类综艺节目的发展历程可以归纳为四个时期:雏形期、快速发展时期、多元化时期、垂直细分期。本节将对上述四个时期音乐类综艺节目的发展特征及代表节目进行逐一论述。

一、音乐类综艺节目的雏形期

我国音乐类综艺节目的诞生标志被认为是 1984 年中央电视台举办的全国青年歌手电视大奖赛(下文简称青歌赛),之所以将其定义为我国音乐类综艺节目的开山之作,主要是因为这是我国第一档同时具有艺术性、娱乐性和竞技性三大综艺节目元素的音乐类节目。在此基础上,一些地方台也推出了同类型的音乐类综艺节目,从上海电视台 1985 年推出的《卡西欧杯家庭演唱大奖赛》到福建东南卫视 1998 年首播的《银河之心大擂台》,都

---

① 指某事物走出了其诞生初期的小圈子,得到了人们广泛的关注和讨论。

与青歌赛具有相同的性质，希望通过比赛，选拔专业的声乐人才。青歌赛在近二十届的历程中，进行了符合电视综艺节目语境的改革，也从中发掘了大量的音乐人才，举办了多场诸如《同一首歌》等模式的综艺类大型歌会。在音乐类综艺节目的雏形阶段，赛制类和歌会类是两种主要模式。

（一）以青歌赛为代表的赛制类音乐综艺节目

1. 赛制的改革历程

青歌赛从诞生之初到2013年最后一届，进行了一系列革新，不论是赛制还是视听表现手段，革新的目的皆在于选拔更优秀的音乐人才，同时在电视综艺领域获得高收视率。第一届青歌赛尽管发掘了诸如殷秀梅、关牧村等优秀歌唱家，但是，由于录制条件和技术手段的限制，赛场中甚至没有麦克风，呈现效果不佳，也没有区分唱法；到了第二届青歌赛，唱法上进行了美声、民族和通俗的区分，吸引了不同领域的受众。1998年，青歌赛进行了力度较大的改革，加入了综合素质题，以增强综艺节目的趣味性；同年还增加了团体赛，使比赛类型更多样化。2006年，青歌赛再次增加了原生态唱法的分类，虽然引起了一定的争议，但也提高了节目的热度。由此可见，当专业赛制类综艺节目发展到一定阶段，出现新意不足的问题时，制作方只有通过不断革新才能保持节目的鲜活。

2. 赛制的参与主体

青歌赛是专业的歌唱人才选拔比赛，因此赛制严格，不论是参赛者的水平还是评委的身份，都有着十分严格的要求。选手在高校、企事业单位推荐的基础上，通过地方台进行把关，才有可能被选送到初赛环节。中央电视台凭借自己独有的媒体地位，进一步遴选优质人才，孵化优秀的声乐作品。由知名老艺术家、专业人士、大专院校教授组成的评委则进一步体现了青歌赛的权威性和专业性。但需要说明的是，当时的选手与评委之间存在较大的距离，缺乏平等的交流，这也是这一时期赛制类音乐综艺节目的共同特征。

雏形时期的音乐类综艺节目体现出鲜明的专业性，主要与电视媒体自身的权威核心地位密不可分。当时，媒介渠道和媒介受众没有相应的市场意识，电视成为输出娱乐的主要平台，这导致了青歌赛的职能在于权威式的选拔与输出，在这一过程中，专业性得到了很好的保障，但没有发挥出音乐类综艺节目的娱乐与市场价值。

3. 青歌赛赛制内部进行了最早的垂直类节目内容分区

在青歌赛赛制内部，有美声、民族、通俗和原生态等唱法划分，甚至可以允许选手以组合制的方式来参加比赛，这成为当前音乐类综艺节目亚类型划分的一个实践来源。在青歌赛选拔的过程中，民族唱法的获奖率最高，这与当时的主流意识形态以及国家的政治生态密切相关。歌曲在传播的过程中，鲜活地表达了叙事内容与意识形态，受众在这个过程中，潜移默化地接受了歌曲传达的内容和思想，而民歌最能体现其中的政治功能。同时，我们也应当看到，早期青歌赛中存在的大量带有意识形态的歌曲，是我国历史发展阶段中必不可少的音乐内容，对革命、党以及父母、家乡、河山的赞美性歌曲大量出现，多以民族唱法进行参赛表演，是符合我国媒体以正面宣传为主的方针政策的。上述问题也造成了以通俗唱法呈现的英文歌曲受到限制，港台歌曲同样难以得到高分的情况。这一现象持续到2007年，当时的国家广播电影电视总局限制了英文歌曲在各大赛制节目中的出现频率。

4. 青歌赛所代表的传统媒体运营机制

青歌赛的主办方是中央电视台，运营权也归属于它，因为其具有特殊的媒体价值及媒体地位，青歌赛没有参与现代意义上的媒体产品市场竞争。从某种程度上来说，青歌赛的政治意义、文化传播意义要远远大于其经济价值，甚至在青歌赛的早期，并不存在有意识、有目的的经济价值。最早的两届青歌赛没有引入任何商业赞助，第三届才开始允许冠名，且合作领域一直受到限制。直到后期，青歌赛在接受白酒品牌"天之蓝"的冠名以后，才在多渠道、多领域展开有限度的合作，但合作机制与市场化程度与当下的音乐类综艺节目无法相提并论。

5. 青歌赛的发展瓶颈

后期的青歌赛开始逐渐走向"没落"，不论是在节目艺术造诣上，还是收视率上，都无法同早期的节目相提并论。早期的青歌赛能够凭借电视媒体特有的优势来进行内容输出，但是到了互联网媒介时代，节目种类不断增多，趣味性不断增强，青歌赛体现出的是精英文化与大众审美相背离的现状，它期望达到引领作用，却无法与大众有效融合，最终造成全民参与度不高的结果，观众以旁观者的姿态完成了对整个节目的观看，无法与节目内容、节目选手产生共情。

（二）以《同一首歌》为代表的歌会类音乐综艺节目

伴随着青歌赛等大型竞技类音乐综艺节目的播出，大批好歌、优秀的歌唱演员得到发掘，促使中央电视台制作出引发群众共鸣的以经典老歌为主的大型演唱会《同一首歌》。与青歌赛的发展历程相似，《同一首歌》也经历了几个阶段的变革，以适应媒介环境从计划宣传到市场营销的阶段转变。

1. 第一阶段：以传统晚会为主要模式

从 2000 年首播开始，《同一首歌》秉承传统晚会的制作模

第一章 音乐类综艺节目的概念、诞生及发展历程

式,采用时尚的舞美伴随脍炙人口的歌曲以演唱会的方式推出,第一次在北京工人体育场上演就获得了很大的成功,现场明星汇聚,与观众形成十余年来首次大规模的情感共鸣。《同一首歌》初期的节目宗旨是通过特定年代的特定情感进行具有共鸣功能属性的回味,开创了有别于赛制类音乐综艺节目的新模式。《同一首歌》每周五晚在中央电视台第三频道黄金时段播出,创造了5.18%的收视率高峰。① 从音乐的视角来看,这是对经典老歌的关注与怀念;从电视综艺的角度来看,这是一种具有创新、突破性质的综艺形态。

2. 第二阶段:增加人文关怀

从2001年起,《同一首歌》增加了名人访谈,不仅仅局限于音乐领域,政治、经济、文化、体育名人皆能出现在舞台上。与此同时,还运用了现代化的包装手段,将一些经典老歌重新制作,呈现出形式新颖、具有强烈怀旧情怀的艺术效果。在2002年,《同一首歌》突破了以往只邀请明星的限制,举办了以出租车行业为主题的公益性歌会,力图凸显其人文主义价值精神,也促使这一节目品牌彰显主流媒体的社会传播与舆论导向功能。

3. 第三阶段:市场化广告运作

待到2002年,《同一首歌》已经有了很大的影响力,主创团队力图在市场经济发展的条件下,将节目市场化,不依托于中央电视台的节目投入,而通过广告招商的形式将节目全部投入市场。这是《同一首歌》商业价值确立的阶段,栏目进行公开的广告招标,确立了在电视综艺市场上的商业地位。在这一阶段,

---

① 参见《同一首歌》,见百度百科(https://baike.baidu.com/item/%E5%90%8C%E4%B8%80%E9%A6%96%E6%AD%8C/2817879?fr=aladdin),2020-08-03。

《同一首歌》还推出了以明星个人为主题的系列专场演唱会。由此，明星的个人形象通过栏目确立，每一个明星也创造了自身的商业价值。值得一提的是，在这一时期，中央电视台从政策上开始了制播分离的尝试，《同一首歌》于2003年从中央电视台戏剧音乐部被划归到中国国际电视总公司，开启了公司化运作的模式，这一举措成为后来行业进行制播分离改革的典范。在快速的发展中，《同一首歌》在2006年"品牌中国总评榜"中获得了音乐文化品牌大奖，成为中央电视台唯一上榜的综艺节目，甚至能够以媒介品牌的身份，与海尔、联想等国际知名品牌平分秋色，建构了独特的媒体影响力。

4. 第四阶段：瓶颈期的节目困境

从2007年起，此前发展迅速的《同一首歌》遇到了瓶颈，遇到了一些市场化媒介经济环境下的挑战。作为中央电视台的品牌栏目，在全面运用商业化模式进行营销上存在一定的限制，同时，节目也因其他同类型节目的出现而受到冲击。《同一首歌》甚至无法满足受众越来越高的文化需求，老歌不断唱、新歌几乎不唱的现象让节目创新动力不足，逐渐成为"要商业、不要艺术，要市场、不要创新"的反面案例。最终，《同一首歌》在产业市场化与艺术创新化的发展困境中不断失衡，为新的音乐类综艺节目所替代。

二、音乐类综艺节目的快速发展时期

（一）发展期的音乐类综艺节目概况

音乐类综艺节目逐渐成熟后，走向了快速发展期。这一时期的时间节点及标志性节目为2004年湖南卫视的《超级女声》，

第一章 音乐类综艺节目的概念、诞生及发展历程

其节目创新力强,使用全民海选的形式,颠覆了传统意义上的专业选拔,娱乐特征突出,受到了广泛欢迎。节目一经播出,就引起了广泛的关注,这也间接验证了从精英文化到大众文化的文化环境变化,只有贴近大众的节目理念,才能够获得高收视率。但是,上述文化现象也存在一定的问题,对音乐类综艺节目产生了不利的影响,即一味追求娱乐化与大众化,从而衍生了大量的照抄照搬的节目,模仿成为节目制作领域的常见做法。在《超级女声》热播后,江苏卫视播出了同类节目《绝对唱响》、东方卫视播出了《我型我秀》。在制作氛围过度娱乐化、跟风化、同质化的背景下,综艺节目出现了大量艺术价值与水准低下的内容,导致受众对该类节目的审美产生了倦怠,严重破坏了受众的审美情感与节目的创新性,甚至影响了整个文化生态的良性发展。最终,当时的国家广播电影电视总局不得不颁布以"限娱令"[①] 为主的政策,对该类节目进行限制。

(二) 以《超级女声》为代表的发展期音乐类综艺节目特征

《超级女声》由湖南卫视于2004年开办,为大众歌手选秀比赛,任何喜欢唱歌的女性无论年龄、专业、地域皆可通过海选参与节目,这种人人皆可参与的模式颠覆了传统规则,体现了人人都有权追求音乐梦想的价值观。《超级女声》在2009年改版更名为《快乐女声》后,仍然有非常大的影响力。"一种快乐来自'平民偶像'的成功,另一种快乐则来自对方的不成功。与

[①] "限娱令"指当时的国家广播电影电视总局在2011年出台的《关于进一步加强电视上星综合频道节目管理的意见》及2013年出台的《关于做好2014年电视上星综合频道节目编排和备案工作的通知》,要求各电视上星综合频道优化节目结构,丰富节目类型,抵制过度娱乐,防止雷同浪费,被大众称为"限娱令"。

传统电视节目的精心安排、不允许有任何瑕疵不同,'选秀'类节目从最初的海选到决赛几乎都是直播,选手表演时的失误和插科打诨、评委的犀利评价,甚至选手和评委之间的辩论全都出现在了电视屏幕上。"①

1. 无处不在、无时不在的全方位节目宣传

发展期的音乐类综艺节目与雏形时期最大的不同在于,《超级女声》在节目尚未启动之前,就进行了大规模的市场化运营和宣传。2005年,蒙牛酸酸乳对第二届《超级女声》进行冠名,买一盒蒙牛酸酸乳,就可以免费参加海选。比赛之前甚至开始推出以冠名商为主题内容的广告主题曲,由上一届获胜者进行演唱。在节目正式开始之前,广告宣传已经为节目进行了充分预热。与此同时,在设置全国赛区海选赛制后,地方卫视也投入了大量资源,辅助节目进行宣传。当年的《超级女声》(下文或简称为"超女")在全国吸引了15余万人报名②,选手最大年龄近90岁,最小年龄6岁③,当时所谓的"全民皆超女",描述的便是这档节目引发的选秀狂潮现象。

在节目开始之后,宣传仍然持续进行,互联网媒介运用自身的宣传媒介优势,在线上投放花絮和官方消息,从多渠道对节目本身进行辅助。新媒体开启了线上专访、《我的超女》电子杂志等多样化呈现模式。因为新媒体的加入,《超级女声》在2006年总决赛8进6的节目中开始启用语音投票、网络聊天投票等不同方式,对受众参与节目的媒介渠道进行了重大革新。更值得关注的是,当时的超级女声媒介宣传已经有了统一、专享和排他的

---

① 郭建民:《声乐文化学》,音乐出版社2007年版,第53页。
② 童兵:《中国新闻传播学研究最新报告(2006)》,复旦大学出版社2007年版,第184页。
③ 郑石明:《商业模式变革》,广东经济出版社2006年版,第151页。

第一章　音乐类综艺节目的概念、诞生及发展历程

理念，不论是选手采访还是娱乐节目花絮等内容，皆来自湖南卫视同一团队。

节目结束以后，《超级女声》的周边产品即 IP 研发也一直在进行，不论是演唱会、广告还是公益活动，《超级女声》这一品牌一直在持续创造巨大的收益。在第一届《超级女声》播出的同年，湖南卫视建立了自己的品牌媒介平台金鹰网，并通过金鹰网进一步扩大《超级女声》的影响力，以此奠定了娱乐时尚类话题的流量基础。追逐《超级女声》的青年人则利用互联网为自己的偶像建立了专门的贴吧、论坛以及团体组织，成为最早的有规模、有组织、有基础运营的商业化粉丝团队。

在庞大的全国数据支持下，2005 年《超级女声》的广告价格是每 15 秒 7.5 万元，总决赛的广告插播报价高达每 15 秒 11 万元，与中央电视台第一频道的同时段、同时长广告报价等同。① 因此，这一年也被业内称为"选秀元年"。尽管不断向大众靠拢的电视节目出现了脱离音乐本体、煽情炒作的弊端，但《超级女声》提出的"想唱就唱、成就梦想"的节目理念依然能在此后长时间内引发大众的情绪共鸣。

2. 注入真人秀角色功能的超女评委

不同于雏形时期的音乐类选秀节目，《超级女声》的评委不完全是来自传统专业机构、高等院校的专家，而是大多来自一线的制作人，本身也具有一定的明星效应。因此从这一角度来看，《超级女声》做到了真正意义上的真人秀呈现模式，每一类角色、每一类参与人，皆能够成为综艺节目的热点。进入评委阵营的人物，自身就带有社会关注度和影响力，例如歌手顺子、音乐

---

① 曹明香、王多明编著：《图解广告学》，东北财经大学出版社 2016 年版，第 100 页。

制作人高晓松等，本身就已经能够以明星身份介入音乐类综艺节目，为节目的高收视率奠定基础。

评委不仅在身份上自带话题度，其行为也可能成为节目的热点。比如曾经在某一届《超级女声》的 10 强争夺战中，发生过不同阵营和不同音乐理念的评委因为选手晋级问题而产生冲突，导致其中一方评委强烈不满、离席而去的事件。尽管这是个冲突事件，但是从节目制作、节目运营角度来看，却带来了很多收获：一方面，评委维持了自我的艺术理念、艺术操守；另一方面，节目的冲突势必带来高收视率，甚至可由该事件引发宣传热潮。

3. 决定节目走向的电视受众

市场经济下的音乐类综艺节目离不开收视率的检验，收视率数据成为音乐类综艺节目是否获取成功的重要标志，哪档节目、哪个人物能够引起受众广泛的共鸣，哪档节目就能够获得高收视率。尤其是在互联网媒介不断发展的时代，媒介内容生产者和媒介内容受众的界限不再明显，传统意义上的受众开始能够决定媒介平台中媒介内容的发展趋势。在 2004 年第一届《超级女声》中，就出现了纯粹通过观众投票的方式来决定冠亚季军的模式，而后，投票方式开始转向互联网，但都指向了同一个结论：观众已经能够从很大程度上影响媒介的内容生产，即便对于主观表达、创作特色风格鲜明的音乐艺术来说，也不能例外。在此后的一段时间内，以受众为主的选秀模式思维主导了音乐类综艺节目的制作，不论节目的形式如何改变、选手构成如何更迭，最终皆由受众来决定选秀的结果走向。比如从 2005 年发展至 2016 年的《超级女声》，节目已经由电视端口移动到了网络端口，在芒果

第一章 音乐类综艺节目的概念、诞生及发展历程

TV 搭建了选秀场景平台，形成了线上虚拟选秀交流场域。① 但需要说明的是，不论节目对受众的影响力和受众的喜好有怎样的改变，也无法改变此类节目渐渐暴露的一些问题，选手本身的音乐实力偏弱、节目的品位不高、利用与音乐不相关的隐私话题进行营销等不利因素，皆是这档选秀节目走向衰落的原因。更为严重的问题是，节目将盈利作为最终的落脚点，并因此透支粉丝的黏性，不择手段增加粉丝数量，过多地赋予粉丝决定选手创作、表演乃至经济合作的投票权，结果不断引发粉丝圈层之间、粉丝和艺人之间的矛盾。

需要进一步进行阐述的是，在当前的媒介融合时代，《超级女声》力图通过项目重启而获得全新的节目传播渠道与运营模式，恢复已有的品牌效能，以期在诸多音乐类综艺节目中继续占据受众流量优势，但是收效却十分有限。其原因可以简单地通过对电视媒介和互联网媒介的比对进行分析：

首先，在电视作为主要媒介平台的历史时期，受众获取内容的渠道比较单一，综艺节目数量有限，传播制作方式以及环境都比较封闭，这导致了受众的选择也比较单一，一旦出现了新的综艺节目，就比较容易成为"爆款"。然而，在《超级女声》持续火爆的阶段，互联网媒介开始迅速发展，网络平台、自媒体平台、观众和选手的界限不再泾渭分明，各个群体能够在同一个时空内进行信息交流，也预示着互联网正式打破了传统媒介与观众之间的壁垒。

其次，在互联网媒介发展的时代，受众与流量更加重要，受众甚至能够成为一档节目能否成为优质"爆款"节目的"把关

---

① 颜佳钰：《媒介融合环境下网络选秀节目互动研究——以〈2016 超级女声〉为例》，载《东南传播》2016 年第 8 期，第 32-34 页。

人",所以只有符合受众预期的节目,才能达到良好的效果。在这一时期,《超级女声》希望对互联网媒介进行充分开发与应用,利用官方应用程序来让受众广泛参与到节目中,同时获得清晰的用户数据,但效果却并不理想。这主要是由于互联网媒介时代的综艺节目种类和数量繁多,受众有更宽泛的选择范畴,节目"出圈"的门槛变高;同时,App下载、安装以及注册需要一定步骤,占用了手机内存,难以获得较为广泛的用户黏性。更为重要的是,重启后的《超级女声》面临诸多相同类型但负担更小的音乐综艺竞争对手,如《中国好声音》系列和《跨界歌王》这类的新生节目,在制作初期已经使用媒体融合的理念合理地对节目在内容、形式、功能、技术以及传播领域进行媒介运作,可以轻装上阵,无须像《超级女声》一样,需要不断更新与转型。最终,《超级女声》一类的节目因受众产生了对大众选秀类型的音乐综艺品类节目的审美疲劳,对缺乏创新意识的节目已经失去了观看的兴趣,而走向衰落,淡出受众视野。

三、音乐类综艺节目的多元化时期

多元化发展时期的音乐类综艺节目起源于海外综艺节目的大规模引进。这一时期的关键节点是2012年,在此之后,我国音乐类综艺节目在数量、质量、传播渠道及手段上都发生了较大的改变,这一时期的典型案例当属《中国好声音》。此后,我国的音乐类综艺节目从购买海外版权发展为引进模式,提升了整体制作水平,再次成为大众焦点,在这一背景下,产生了诸如江苏卫视的《蒙面歌王》、湖南卫视的《我是歌手》等节目。

第一章 音乐类综艺节目的概念、诞生及发展历程

（一）多元化发展时期音乐类综艺节目的发展概况

网络技术和移动智能互联设备的不断发展，让人们有了更多机会和渠道获取丰富的境外节目资源。传统媒体时代一味照抄照搬节目模式的做法已经无法满足受众的需求，引进节目客观上让国内的音乐类综艺节目开始尝试创新。2012年，浙江卫视引入国外版权节目《中国好声音》，并将其进行几乎原汁原味的呈现，成为我国综艺节目版权引进的开端。《中国好声音》是当下音乐类综艺真人秀的专业化开端，来自荷兰原创节目 The Voice of Holland，同上一阶段的节目最本质的区别在于参赛人群的专业性。它选择有一定经验或是有较好音乐演唱技能的成员参与比赛，改变了此前草根海选的做法。同时，选手有权利选择导师，改变了音乐类综艺节目雏形时期以导师为核心决定因素的做法，将音乐技能本身提升到节目的关键要素位置。可以说，《中国好声音》为音乐类综艺节目带来了继《超级女声》之后的第二次繁荣，不论是节目的视听内容、包装方式，还是选手、嘉宾水准，与以往相比都有了极大的提高。在这一时期，制播分离制度也渐渐走向成熟。此前，节目的制作和播出权利一直被牢牢掌握在以电视台为主的传统媒体平台渠道手中。节目引进模式的出现和网络发展让大量制作公司和网络综艺兴起，节目的制作水准走向市场化，开始实现真正意义上的制播分离。

除引进节目之外，多元化发展的音乐类综艺节目在这一时期也展现出一定的本土化原创动力。不论是《中国好声音》原班人马打造的《中国好歌曲》，还是北京卫视的《跨界歌王》，皆体现出音乐类综艺节目在模式与视听呈现上的创新。多元化发展时期的音乐类综艺节目在节目模式上已经逐渐从赛制转变为"赛制+真人秀"的模式，更加重视人物在节目中的功能。在前

两个阶段,音乐类综艺节目的人物设置经历了一个从明星无叙事功能到草根有叙事功能的转化。在上个阶段中,"草根逆袭"几乎成为节目的人物蜕变模版,但这样引起了受众的审美疲劳,使得节目的参与门槛较低、艺术效果较差。到了当前这一阶段,优质的明星参与到节目进程之中,一方面保证了节目的艺术质量,另一方面也使节目的可看性逐渐得到加强,因此,便出现了"素人"(即非明星)与明星同时出现的格局,取得了良好的节目效果。

多元化发展时期的音乐类电视综艺节目也存在相当大的弊端,其中最重要的问题就是节目同质化严重,节目后期创新发展动力不足。在浙江卫视的《中国好声音》播出之后,湖南卫视开启了另一档同质类综艺节目《中国最强音》,但节目效果却无法同《中国好声音》相比,无法满足受众的审美需求。这一现象发展至今仍然普遍存在,这是节目同质化、批量化复制所产生的必然问题。如何在引进版权的过程中发挥节目的本土化特色,是当前音乐类综艺节目发展过程中所需要解决的问题。比同质化问题更为严重的是由此而产生的低俗化,过度追求娱乐而忽略节目的价值引领功能,甚至为了推出新节目不顾海外节目本身是否适合国内本土化发展。为了杜绝上述问题,当时的国家新闻出版广电总局继"限娱令"后又颁布了"限歌令"①。

解决问题的根本手段在于提升本土化原创节目的制作能力,这样才能摆脱外来引进版权的制约,生产有文化内涵的本土化优

---

① 2013 年 7 月 24 日,当时的国家新闻出版广电总局发布消息,为避免电视节目形态单一雷同,总局将对歌唱选拔节目实施总量控制、分散播出的调控措施。这项调控被称为"限歌令"。2013 年 9 月 30 日,总局升级"限歌令",提出 2014 年或仅 4 档音乐选秀节目。"限歌令"下,卫视应对方法多种多样,如湖南卫视开辟钻石独播剧场等。[引自《限歌令》,见百度百科(https://baike.baidu.com/item/%E9%99%90%E6%AD%8C%E4%BB%A4/8629224? fr = aladdin),2020 - 08 - 03。]

第一章 音乐类综艺节目的概念、诞生及发展历程

质节目,增强节目原创动力,提升国内受众的审美水平。

(二) 以《中国好声音》为开端的多元化音乐类综艺节目的发展

《中国好声音》可以说是最早成功进行海外版权引进的音乐类综艺节目,但事实上,我国电视节目的海外版权引进历史,早在上个世纪末就开始了。1998 年,中央电视台第二频道就引进并购买了英国节目 *GoBingo* 的版权,并进行了成功的本土化改造,其产物就是我们非常熟悉的娱乐类电视节目《幸运 52》和《开心辞典》。伴随着电视综艺节目的不断发展,不同类型的电视综艺皆开始了版权引进的创作模式。对于音乐类电视综艺节目而言,《中国好声音》则是该类节目版权引进的典范和先驱。2013 年被称作"版权引进年"[1],在其后的几年内,我国 90% 以上的综艺节目都存在海外原型[2],关于节目模式的研究与调查成为行业热点。在综艺节目市场中,海外引进节目使电视综艺节目产业规模快速增长,远远超越同期的电影市场和演出市场。

大量引进音乐类综艺节目,对本土音乐文化以及宏观意义上的文化内容产生了一定的负面影响,甚至阻碍了本土同类音乐综艺节目的创新。因此,在 2013 年,当时的国家新闻出版广电总局规定每家卫视每年引进的国外版权节目不能超过一档[3],以对本土同类音乐综艺节目进行保护。2016 年 6 月,当时的国家新闻出版广电总局又颁布了《关于大力推动广播电视节目自主创

---

[1] 冷淞:《海外模式冲击下的中国原创电视节目供给侧路径解析》,载《现代传播 (中国传媒大学学报)》2016 年第 10 期,第 81 - 86 页。
[2] 吴学安:《海外版权引进侵蚀荧屏原创力》,载《金融时报》,2013 年 4 月 12 日 9 版。
[3] 徐颢哲:《每年只能新引进一档"洋模式"》,载《北京日报》,2016 年 6 月 18 日 7 版。

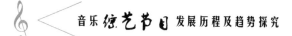

新工作的通知》，强调要支持鼓励自主原创节目，在播出安排和宣传评奖等方面优先考虑。① 对此，节目引进及制作方开启了对海外版权引进节目本土化改进的尝试与探索。

1. 从海外引进到本土重构的冲突化叙事

2012年最火爆的音乐类综艺节目《中国好声音》经历了从海外引进到本土重构的发展历程，收视率可观，话题热度颇高，成为中国音乐类电视综艺节目成功引进的经典代表性案例。对本土文化的适应，最主要的表现是音乐类综艺节目的叙事戏剧化改造，这符合中国受众对冲突叙事的喜好倾向。事实上，《中国好声音》的原版内容叙事冲突性并不明显，在原版叙事的基础上，创作团队将每一期节目进行故事模块和类型的划分，设置冲突环节。不论是选手自身成长经历的矛盾，还是选手与选手之间的矛盾，或是选手与评委之间的矛盾，都通过剪辑进行重构，且存在规律性的重构周期。最大的高潮和冲突，皆在节目结束的亮点环节中呈现，迎合了本土观众喜欢听故事的收视喜好。

2. 从海外版权引进到本土化的价值观转变

本土化价值建构以适应社会主义文化发展的需要，也是海外引进节目本土化必须完成的价值观转变。在进行本土化价值观建构的同时，音乐类电视综艺节目需要保持原有节目的优质模式和核心元素，还需要在满足市场需求的同时符合社会主义核心价值观的导向，让受众获得高尚的审美体验。换句话说，我们要平衡本土文化与外来文化在音乐类综艺节目中的差异，并对其进行合理融合，不抗拒但也不全盘吸收外来文化，不陷入引进节目的文

---

① 《关于大力推动广播电视节目自主创新工作的通知》是为了繁荣发展社会主义文艺、提高国家文化软实力而制定的法规，2016年6月《关于大力推动广播电视节目自主创新工作的通知》由当时的国家新闻出版广电总局发布，自当月起实施。

化框架之中。例如《中国好声音》的原版节目更注重自我精神的塑造与展现,本土化后,彰显的则是对家庭、对社会的贡献,与奋斗紧密结合,提升了节目的本土化内涵,增强了节目的影响力,成功实现了本土音乐文化的输出优势。

3. 从海外版权引进到本土化的节目营销调整

《中国好声音》的制作公司灿星制作在真正意义上将制播分离发展成熟并进行市场化运营,《中国好声音》的成功说明节目不仅可以具有艺术质量,还可以获得可观的市场经济效益。浙江卫视成为《中国好声音》的播出平台,与灿星制作共同参与广告分成,同时充分利用新媒体进行营销,不论是话题互动、明星大V宣传还是与其他网络视频平台展开合作,均通过媒介实现了最大的传播效益。

(三) 对海外引进音乐类综艺节目的创新手段及策略

多元化发展时期的音乐类综艺节目以海外引进为主,因此,这类节目的创新手段及策略至关重要。该类节目的本土化创新手段与策略可以归纳为如下几个方面。

1. 通过海外引进节目内容启发并发掘自身文化特质

通过海外引进节目内容,发掘本土音乐类综艺节目的文化特质,是面对大量海外节目文化输入时保护本土音乐及电视综艺文化的根本办法。如果直接运用海外节目的内容、模式及文化观念,不仅政策上存在压力,还很难形成文化共鸣,缺乏本土文化特色。对此,相关的本土化节目被不断开发出来,如《经典咏流传》传承了中国经典音乐,《传承者》则传播了中国经典文化与技艺。以音乐类综艺节目为主体的节目内容需要不断创新,才能取得较好的效果。这也充分证明,不论是电视综艺还是网络综艺，不论是音乐类综艺节目还是其他类型的综艺节目，只有充分发掘本土文化的价值内涵，才能引领观众的审美导向，不断对本民族音乐文化及其他文化元素进行积极发掘与传承。

2. 通过引导受众建构本土化节目审美

海外引进的音乐类电视综艺节目，需要扎根本土。只有来源于本土生活，才能适应于受众，引导受众建构本土化审美。同时，也能够避免当前的音乐类综艺节目过度商品化、娱乐化的现象。也只有通过对社会生活的不断发掘，才能够将节目制作成符合受众审美和价值观需要的导向正确的节目，固定节目受众群体，逐步提升节目品位，增强节目的市场运营能力，并开发出本土化的全新节目运营模式。这也是电视文化从国外引进到中国后所面临的问题。在不同的文化背景和思维的影响下，每个国家都具有不同的文化思维和审美模式，节目的引进，实际上是对本土受众的审美文化进行冲击与重塑的过程。制作方在节目内容、节目形式、运营模式等多方面都应该扎根本土文化，在迎合受众的前提下不忘对受众的引领，传播正能量，寓教于乐，将引进节目中对竞争观念的一味放大进行本土化修正，将合作、共赢、积极向上的人生观与价值观带给受众。

3. 通过创新节目形成本土化音乐类综艺节目的制作阵营

将海外节目引进本土，最终目的是提升本土化节目的创新能力，尤其对有着悠久音乐文化的中国而言，更应当进行本土化节目内容原创，将传统音乐通过当代大众娱乐化的综艺节目进行广泛传播，创造属于本土文化的音乐综艺真人秀品牌。不论是中央电视台的《经典咏流传》，还是湖南卫视的《声入人心》，皆在创新领域进行了很好的尝试。

同时，我们也应当看到，海外节目的引进，促使本土音乐类综艺节目迅速多元化发展，尽管一方面影响了本土节目自身的生态环境，使得一些缺乏娱乐、市场元素的节目走向衰落，但另一方面也使竞争环境更激烈，迫使本土节目不断改造，通过磨炼与转型，最终开启原创道路。仍然以《中国好声音》为例，在本土化的过程中，增加对选手个人生活的记录，不仅在赛场上、赛制上体现对选手音乐才华的重视，还讲述了选手音乐才华养成的故事，具有人文主义情怀，增加了节目的人文主义精神和看点。

值得进一步论述的是由《中国好声音》引发的音乐类综艺节目的版权问题。该节目开播到第三季时，出现了版权纠纷问题，不得不进行较为彻底的本土化整改。更名后的《中国新歌声》实际上是将原有节目进行版权合理化处理后的产物，不论是节目标识、节目口号还是赛制规则、重点道具，都进行了较大幅度的调整，于是便出现了用战车替代转椅、用中国星替代剪刀手的节目元素上的改变。另外，《中国好声音》第一季播出后制作的《中国好歌曲》也采取了新的模式，选手只能演唱自己的原创歌曲，这也成为引进节目本土化创新的另一种方式。但还是可以看出，本土化改造依然停留在浅层，还没能够从根本上创作出新的节目模式。

四、音乐类综艺节目的垂直细分期

随着媒介融合时代的到来和引进节目的规模大幅度增加，音乐类电视综艺的数量不断攀升，品种也不断增多，最终不得不走向垂直发展的细分时期，以满足节目自身的艺术质量和受众日趋提升的专业审美需求。

真正意义上被业界称为音乐类综艺垂直节目的应该是2017年由爱奇艺自制的《中国有嘻哈》，它成功打造了具有强大影响力的互联网垂直品牌，在此之后，开始不断推出街舞题材、运动题材、电子音乐题材等相关领域的节目，引发了受众的关注。

从此，垂直类音乐综艺节目开始大规模发展，在具体背景情况、行业特征、节目本体特征、形式、传播渠道等方面上，皆存在与以往不同的亮点。

（一）垂直类音乐综艺节目产生的行业背景

垂直类音乐综艺节目的产生是时代发展、媒介进步的必然趋势，受众日益增长的精神文化需求和对专业性更强的节目的需求也呼唤着新形式节目的诞生，以往面向大众的音乐综艺节目已经很难获取受众关注，开拓专业化的垂直细分市场迫在眉睫。

2017年，是我国音乐类综艺节目垂直化发展的发轫之年，《歌从黄河来》《中国有嘻哈》《电音骑士》《国风美少年》《我是唱作人》《乐队的夏天》等节目不断走向市场，受众反响良好。这也是大多数综艺节目的一种集体转型：从大而全转向小而精，提升了整体节目的专业性，改善了音乐类综艺节目日趋同质化的现象。专业领域的开发和发展，包括专业的知识、专业的技术、专业的精神以及专业的节目制作团队，是当前垂直细分综艺节目最值得被关注的亮点。

通常意义上来说，垂直是在某个领域进行专业性较强的精细划分，区别于传统意义上的宏观类型划分。"垂直媒体对传统传媒经济的本质进行重构，以精准定位为基础，依托专业化社区服务、优质服务的电商平台、多元业务组合等方式，成为当代传媒经济领域最为亮丽的一道风景线。"① 所谓综艺节目垂直化，是指对综艺节目不同类型进行更深层次的挖掘和制作，改变以往综

---

① 闫玉刚：《垂直媒体的本质重构与多元价值开发》，载《新闻论坛》2016年第4期，第14－16页。

第一章 音乐类综艺节目的概念、诞生及发展历程

艺节目浅显、大众、纯娱乐的价值取向，节目内容转向小众和更专业化的方向。①

（二）音乐类综艺节目垂直化发展的相关政策、技术和文化支持

1．政策支持

2011年，当时的国家广播电影电视总局开始对繁荣的综艺节目市场进行宏观调控，目的是避免节目同质化、商品化的不良现象以及所引起的资源浪费。继2011年颁布《关于进一步加强电视上星综合频道节目管理的意见》对综合上星频道黄金时间节目数量进行控制后，2013年，当时的国家新闻出版广电总局又颁布了《关于进一步规范歌唱类选拔节目的通知》，目的在于对同质化综艺节目照抄、模仿以及跟风行为进行控制。2015年，总局颁布了《关于进一步加强真人秀节目管理的通知》。一年后，《关于进一步加强电视上星综合频道节目管理的通知》落地。2017年，《关于把电视上星综合频道办成讲导向、有文化的传播平台的通知》落地。紧锣密鼓的政策不断对综艺节目市场进行调控，支持综艺节目市场重视创新渠道，走真正意义上的行业垂直细分、专业化深耕道路。

2．技术支持

音乐类综艺节目垂直化发展离不开互联网技术的快速发展、融合媒介所带来的传播渠道发展、5G技术发展等一系列技术因素。在这些技术背景下，人们能够较为自由地随时接收信息，利用移动互联网获取内容。既然有技术条件让人们多渠道地获取多

---

① 王梓懿：《新形势下我国综艺节目垂直化创新发展研究》，载《当代电视》2019年第11期，第54－58页。

元化内容，那么，就需要通过内容的垂直化发展，为受众提供更深入的、有针对性的、专业化的信息。事实上，在融合媒介尚未发展起来之前，小众圈层、亚文化圈层便一直存在，只是信息抵达受众的便捷程度不够，效率也不高。而互联网媒介的高速发展，使得各圈层的受众接收信息的门槛降低，不论身处哪个圈层，各类信息皆能够顺利抵达，将小众信息通过大众化综艺节目呈现，也有了技术可能性。

另外，需要说明的是，小众圈层、亚文化圈层本身也有利用媒介精准抵达受众的潜力。互联网大数据技术能够对受众精准画像，不论是何种年龄、职业、学历和文化的受众都有鲜明的特征。受众画像能够从侧面反映出不同特征人群对媒介内容的需求，音乐类综艺节目的制作方也能够根据用户特征进行有针对性的内容筛选，选择更加有效的内容投放渠道，满足不同群体受众的专业需求，发挥垂直类节目的专业内容优势。

3. 文化支持

音乐类综艺节目垂直化发展同样离不开文化市场的宽容、开放与多元。文化市场的宽容、开放与多元的根源在于宏观层面上社会观念的开放，人们在生活品质不断提高的同时，对事物的审美诉求也不断增加，希望传统意义上的音乐类综艺节目中存在的过度娱乐化、商业化、内容煽情低俗化的现象能得到改善。深耕领域的文化为社会所需，一些传统文化观念中已经存在的小众文化进入受众视野，与大众文化共同繁荣发展。在社会主义文化市场中，既存在广谱意义性质上的流行大众音乐文化，也存在细分领域的专业小众音乐文化。

另外，音乐类综艺节目垂直发展的趋势是符合青年阶层文化需求的。青年人对不同类型的音乐文化有更多的了解和需求，因此，在以人为本的受众观引领下，关注青年人的命运和生存状

第一章 音乐类综艺节目的概念、诞生及发展历程

态,满足青年人的精神生活诉求,注重青年人的个性化发展、主体意识发展,是音乐类综艺节目垂直化趋势发展迅速的直接原因。

最后,音乐自身市场的发展,也带动了同类综艺节目的小众化垂直化发展。例如,音乐市场饱和以后开始不断呈现出细分趋势,在青年人为音乐注入新鲜活力的同时,不同人群也开始对音乐本身的内容进行垂直发掘,专业性强而精准,这在客观上为音乐类综艺节目提供了充分的内容支撑。嘉宾自身追逐音乐梦想的经历也成为音乐类综艺真人秀的叙事素材,使节目承载更丰富的内容。专业与个性结合,成为垂直音乐领域人才培养的目标。这种结合一方面使音乐得到专业受众的认可,符合专业受众的需求;另一方面也能符合音乐人个人情感表达的意愿,最终打造出与众不同的音乐类综艺节目。例如,在垂直类音乐综艺节目《声入人心》中,美声成为垂直细分的精准领域,而在《中国有嘻哈》中,说唱又成为其中的垂直细分领域,节目的专业性一再被强化,获得了认可,带动了该领域音乐作品的创作动力。

(三) 垂直划分对于音乐类综艺节目发展的价值体现

1. 行业价值体现

发展到垂直划分阶段的音乐类综艺节目,对于整个音乐行业、音乐艺术传播以及电视节目制作领域、文化生态领域,都具有非常重要的价值。这种做法一方面抓住了受众的喜好,另一方面也丰富了节目的类型并提升了节目品位。因此,音乐类综艺节目的垂直细分标准离不开受众与市场,也离不开专业的制作团队,还要注意垂直细分的程度,制作音乐类综艺节目需要通过上述三个元素进行精准把控。

通过近年来音乐类综艺节目的垂直化发展，不论是街舞领域、传统民歌领域、说唱音乐领域还是电子音乐领域，都形成了自己独特的圈层节目文化属性。在不同的阶段，节目也出现了演出、短视频等其他 IP 系列品牌，进一步开拓了音乐类垂直节目市场。基于对市场受众的精准调研，不断深耕不同垂直音乐领域的亚类型，是这一领域的发展趋势。同时，将真人秀环节植入到节目之中，增加节目的叙事性与可看性，也是节目制作过程中丰富节目呈现方式的主要手法。值得一提的是，在垂直市场发展到瓶颈的时候，一些节目团队进行了其他方式的尝试，例如扩大主要选手的人数，同时通过线下音乐节演出的方式进行融合媒介多平台、多渠道宣发。2019 年，《乐队的夏天》开始通过乐队组合进行垂直型音乐类综艺节目的塑造，曾经在一些主流流行音乐节崭露头角的乐队开始通过电视综艺节目为广大受众所知，获得好评。20 世纪 90 年代流行的乐队文化重获新生，开始与当下流行的男团、女团选秀分割音乐类综艺节目市场，也为本土化音乐类综艺节目提供了新的创作元素。

此外，电子音乐类的节目《电音骑士》《即刻电音》则将音乐中的小众创作群体通过大众化的综艺节目予以呈现，现代创作手法及思路配合原创音乐品牌，使一部分音乐内容被广泛传播，收效较好。而民歌类综艺节目《民歌大会》《歌从黄河来》《经典咏流传》则让流传许久的老歌、经典传统音乐被青年人所熟知，唤醒了人们对民族音乐的情怀，提升了民族音乐的价值凝聚力。与此同时，当前文化潮流中比较流行的文化元素也开始被音

第一章　音乐类综艺节目的概念、诞生及发展历程

乐类电视节目所采用，例如《国风美少年》所关注的是"二次元"①、国风②等小众圈层中的用户群体，将这部分群体所热爱的音乐类型进行垂直化综艺节目打造，同样能够获得较好的市场收益与文化价值。

最后需要说明的是，当下音乐文化及音乐市场的版权问题也能够通过垂直类型的音乐综艺加以强调，引起受众及相关从业者、管理者的关注，例如，《我是唱作人》就从某种程度上刺激了原创音乐群体的创作动力并引发了关于原创音乐人版权危机的社会焦点讨论。

2. 社会文化价值体现

当互联网时代在5G技术的支持下，让全民步入智能化时代时，人们的生活方式、消费习惯以及审美理念必然会发生翻天覆地的变化。从音乐行业及媒体行业的角度来看，就体现为音乐类综艺节目的高标准化制作、专业化运营等变化。这些变化试图赋予音乐类综艺节目更精准的投放空间，对音乐文化产业起到积极的推进作用，从而提升整个社会观众的审美水平与文化修养。这是音乐类综艺节目垂直化发展的终极目标及社会文化价值的体现。

事实上，在媒介发达的时代，受众获取音乐类综艺节目的渠道增多，优质的综艺节目本身的社会价值应当体现为对某种音乐文化进行专业呈现，传播积极正能量的文化元素。爱奇艺曾经打造的嘻哈说唱类型的垂直类综艺节目《中国新说唱》，

---

① "二次元"，指漫画、动画、游戏、小说等小众文化圈及其爱好者。来源自日语"二次元（にじげん）"，意为"二维"，因漫画、动画、游戏、小说都为平面表现形式，与三维的现实空间相比是二维的，故得名"二次元"。
② "国风"，即"中国风"的缩写。泛指体现中国传统审美特色和取向的音乐、文学、艺术作品。

就在一定程度上传播了嘻哈音乐文化，打破了人们对这一音乐领域的负面偏见，让受众深入了解嘻哈创作人群的价值观、生活方式与艺术理念，为小众领域的艺术创作人群提供了表达自我的平台与机会。而一系列诸如《中国民歌大会》《经典咏流传》等民族音乐类综艺节目，则试图通过现代化的媒介视听手段，传播传统民族音乐文化，让某些已经淡出当代群体视野的民族传统经典音乐重新启动，让受众感悟中国传统音乐之美，向大众传播经典，甚至从更高层次、宏观视野的角度讲述传统音乐文化中的中国故事。

如何在音乐类综艺节目数量猛增的前提下，保证节目质量、提升节目品位与社会价值影响力，是当前节目策划、制作及营销团队需要考虑的问题，同时也是各大一线卫视、互联网媒介平台在参与节目制作与传播过程中需要建构的节目价值评估体系的考量因素。

3. 市场商业价值

音乐类综艺节目垂直化发展的市场商业价值，首先体现为"音乐+综艺产业"的综合运营价值。2019年11月，第六届音乐产业高端论坛发布了《2019中国音乐产业发展报告》，其中对当前我国音乐产业的发展现状进行了归纳、总结、评估与分析，提出"音乐+"泛娱乐消费经济的发展模式成为音乐产业探索发展的好道路，其中音乐类综艺节目则是打造这一行业产业领域最具有优势的途径。① 音乐与综艺进行结合具有叠加以后无限扩大的效果，主要有如下原因：

从媒介呈现方式来看，视听媒介是当前乃至未来相当长的时

---

① 成琪：《权威发布丨2019中国音乐产业发展报告（总报告）》，见中经文化产业（https://mp.weixin.qq.com/s/J5wO6BC0eA0xJ0ojiQ-hSQ），2020-08-03。

第一章 音乐类综艺节目的概念、诞生及发展历程

间内的媒介主流，调动视觉与听觉的艺术样式，符合人们日常接收信息的习惯，同时能够覆盖最广泛的人群。从制作手段上来看，视听媒介有多角度、多方面的内容呈现方式，提升了音乐的内容表达力，同时也让除音乐本体之外的内容有了扩展空间，不论是音乐电视、短视频、综艺、晚会还是音乐类专题节目和纪录片，都具有了丰富的无限可能性。从传播角度来看，视听媒介产品具有更为广阔的传播空间、传播渠道与传播领域，不同于传统意义上通过听觉欣赏的音乐艺术，不论是在互联网空间还是传统电视、广播渠道，音乐元素与音乐文化、音乐作品皆能够多方面传播。从人群效应来看，音乐类综艺节目更适合推出优质的偶像、选手，甚至一些具有商业潜力的音乐达人，不论任何角度、任何方式、任何风格，与音乐相关的人物都能够通过综合类的视听媒介迅速被推出、传播，甚至向影视领域发展，有助于建构全新的影视、音乐偶像传播矩阵。

音乐综艺类节目垂直化发展的市场价值，还体现在对盈利模式及运营模式的良性建构上。伴随着文化产业的成熟发展，音乐综艺作为一种综合类的生产模式，能够有效结合音乐资源、广播电视艺术资源、媒介平台资源进行全新的盈利模式渠道建构，为各自独立的产业提供盈利依据与盈利空间，促进多产业共同蓬勃发展。在音乐类综艺节目垂直化发展的商业化进程中，小众音乐的关注度被广泛提升，小众音乐的创作者、表演者能够获得较为广阔的生存空间，从而为音乐市场注入全新的生命力。这最终促使音乐类综艺节目突破瓶颈，创造出更高的商业价值。根据数据显示，仅仅在2018年，音乐类综艺节目，包括电视及网络平台，

总收入就突破了 66 亿元,同比增长近 15%。①

音乐类综艺节目垂直化发展的商业价值,也表现为对整个行业市场注入了强心剂。在音乐类综艺节目经历了海选竞技、专业竞技、非音乐驱动力的真人秀等不同模式后,市场空间趋近饱和,打开垂直小众市场,让其通过优化的综艺节目模式扩大市场规模,是音乐类综艺节目的发展途径。例如,曾经被广大受众一直认为是高雅艺术、难以广泛传播的美声音乐文化,就通过了湖南卫视打造的垂直类综艺节目《声入人心》走向大众。大众通过对这档节目的欣赏,对美声音乐有了认识,并愿意通过节目深入了解这一音乐文化类型,一些专注美声表演、创作的音乐人也通过综艺节目走进大众视野,让行业重焕生机,使得一些线下的歌剧演出场面火爆,带动了相关产业的商业化进程。

音乐类综艺节目垂直化发展的商业价值,也包括对小众音乐人的商业化打造。例如对小众原创歌手的发掘,涉及音乐人才长久缺乏现状下的人才发掘与人才培养,不仅事关音乐综艺节目本身的产业化渠道,也是音乐这一行业所面临的至关重要的问题。通过商业化运作体系,使音乐人才在保持原创动力的基础上,具备效果良好的商业盈利能力,激发创作者的创作欲望,繁荣本土化原创音乐市场,让更多优秀、年轻的人才被市场所认可,增加音乐综艺节目的驱动因素。

音乐类综艺节目垂直化发展的商业价值,在电视节目制作领域体现为更成熟的模式化节目生产、制作与运营体系。从综艺节目制作的角度来看,成熟、多元化的节目发展模式,是综艺节目

---

① 成琪:《权威发布 | 2019 中国音乐产业发展报告(总报告)》,见中经文化产业(https://mp.weixin.qq.com/s/J5wO6BC0eA0xJ0ojiQ-hSQ),2020-08-03。

第一章　音乐类综艺节目的概念、诞生及发展历程

永葆创新的动力之源。音乐类综艺节目在小众题材领域垂直发展的同时，也带来了符合题材内容的节目模式。模式的创新性，是音乐类综艺节目能够获得受众青睐的原因之一。

综合上述内容，可以看出，音乐类综艺节目的垂直化发展，离不开国家政策的支持、引导与整个行业环境的改善。音乐类综艺节目的垂直化发展，也离不开当前互联网技术、移动终端技术的进步。同时，音乐类综艺节目的垂直化发展，也是文化繁荣发展到一定程度后，出现的精准、专业的行业提升途径。另外，音乐类综艺节目的垂直化发展是发掘本土音乐文化、提升本土音乐及节目创新动力的有效手段，同时也为本土文化市场注入了新人才、新活力。最后，音乐类综艺节目的垂直化发展符合受众对同类文化的专业需求。总之，这一现象是综合因素合力所产生的共同结果，需要从宏观视域来进行考量，形成优质的制作、传播圈层，引导受众的审美取向。音乐类综艺节目垂直化发展具有不可比拟的时代意义。

第二章　音乐类综艺节目的类型划分

媒介融合时代的音乐类综艺节目出现了日益精细的垂直划分趋势，各大电视媒介平台与视频制作平台开启了节目小众圈层深耕研发的进程，试图将小众且具有独创性内容的节目进行专业化制作，通过大众传播手段进行平台投放。这一现象起始于2017年夏天，腾讯的《明日之子》在湖南卫视超女原班制作团队的基础上对节目模式进行升级改造，垂直深耕，力图将选秀节目互联网化。与此同时，《中国有嘻哈》《这！就是街舞》这类小众题材的节目也开始进入观众视野，成为小众节目的"爆款"产品。垂直类节目数量和种类不断增加，因此，对其进行必要的类型划分，有助于我们更加深入地解读音乐类综艺节目所存在的问题及预测其未来发展趋势。

本章论述的内容重点着眼于音乐类综艺节目的类型划分，从该类节目进行类型划分的必要性进行阐释，同时对节目本体进行基于节目模式的具体内容划分，并总结不同节目类型的代表作品特征及行业现状。

第一节　对音乐类综艺节目进行类型划分的必要性

对音乐类节目进行类型划分，从宏观角度来看，是节目数量激增和行业发展趋势、用户主动选择思维导向的必然结果。具体

第二章 音乐类综艺节目的类型划分

体现在音乐类综艺节目的数量和种类井喷式增长，垂直细分已经成为音乐类综艺节目的行业发展的必然趋势，垂直细分视野下的音乐类综艺节目能够在一定程度上避免节目同质化，用户思维模式下的节目类型划分有助于节目自身突破本体圈层，音乐类综艺节目类型的精细划分是深度发掘内容并进行创新的必备手段几方面。本节将逐一对其进行论述。

一、音乐类综艺节目的数量和种类井喷式增长

近年来，音乐类综艺节目的数量和种类都出现了井喷式增长的态势。2018年，国家广播电视总局监管中心颁布的《2018网络原创节目发展分析报告（网络综艺篇）》中给出了详细的互联网综艺调研数据：各大视频网站推出的互联网原创视听节目共计385档，相较于2017年，数量呈几何式增长。（见图2-1）值得注意的是，其中有多版本节目48档、衍生节目44档，可以说，优质节目的品牌价值正在日益凸显并得到重视。

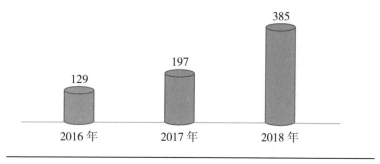

数据来源：监管中心统计数据 2018.10　　国家广播电视总局监管中心
注：年度计算区间为前一年10月16日至当年10月15日

图 2-1　2016—2018 年各大视频网站互联网原创视听节目
（图片来源：国家广播电视总局监管中心官网）

从种类来看，综艺节目涵盖了真人秀、竞技、偶像养成、音乐舞蹈、婚恋、科技等各种题材，而与音乐相关的音乐类真人秀、音乐类竞技、偶像养成、舞蹈等类型增加得更为明显，在当年出现的《偶像练习生》《创造101》《中国新说唱》《热血街舞团》等节目皆属于音乐类综艺节目的细分领域。

飞速增长的节目数量和丰富的节目类型需要统一的监管标准，国家广播电视总局于同年颁布了《国家广播电视总局关于进一步加强广播电视和网络视听文艺节目管理的通知》，其中提出："广播与电视、上星频道与地面频道、网上与网下要坚持统筹管理、统一标准。各级广播电视主管部门要探索建立网台联动的有效管理机制，严把文艺节目的内容关、导向关、人员关、片酬关，存在问题的节目，网上网下均不得播出。要积极顺应信息技术发展趋势，充分发挥各自特色优势，推进广播电视和网络视听文艺节目在理念、内容、体裁、题材、形式、方法、手段等方面的创新，努力做到思想精深、艺术精湛、制作精良"，明确了"坚持同一标准、同一尺度，维护广播电视与网络视听节目的健康有序发展"的要求。对节目进行一定的科学类型归纳，将更有助于寻找自身的突破口和更恰当的管理模式，建构良性的发展空间。

二、垂直细分已经成为音乐类综艺节目的发展必然趋势

"垂直，是对某一个领域进行专业、深入的操作细分。相较于传统领域来说，垂直领域的特征在于纵向深挖精分信息，而传

第二章 音乐类综艺节目的类型划分

统领域则更多是横向分布的宽泛领域。"① 所以，"垂直"常与"深耕""细分""专业""小众"等词语关联。

1956 年，美国市场学家温德尔·史密斯（Wendell R. Smith）提出了现代市场营销学概念——市场细分。市场细分，就是"经过市场调研，依据消费者的需要和欲望、购买行为和购买习惯等方面的差异，把某一产品的市场整体划分为若干消费者群的市场分类过程"②。

因此，垂直细分领域成为当前人们因为专业兴趣而开始关注的一个个具体圈层，每一个圈层都存在独立有特色的文化和审美，圈层是群体情感相互交流的平台。尽管垂直类的平台初期不具备普及性和大众性，但是用户黏性却非常牢固，在发展成熟之后，更有助于推广。

在讨论音乐类综艺节目不断垂直化发展的生态环境时，避不开一个相关的概念——分众，这是对观众群体本身进行垂直细分而产生的一个概念。分众指的是，受众并不是同质的孤立个人的集合，而是具备了社会多样性的人群。分众理论根据不同人不同的个人属性和社会属性，确定他们不同的媒介需求、接触动机和兴趣爱好，最终通过对受众进行准确的定位，取得较好的传播效果。

分众有许多维度的分类标准，包括年龄段、性别、社会属性等，由此产生了对应的节目类型划分。例如，按照年龄段，可以分为青少年节目、老年人节目等；按照题材，可以分为科技节

---

① 王潇：《垂直领域——电视媒体发力新方向》，载《科技传播》2018 年第 12 期，第 13－14 页。
② 龚文军：《基于百度贴吧垂直细分领域营销策略研究》（硕士学位论文），北京邮电大学 2017 年。

目、军事节目、农业节目等。这一点，又类似于专业化节目。①

实际上，不论是观众还是节目本身，越来越详细的划分已经是音乐类综艺节目领域的明显特征。垂直更倾向于深耕精细与纵向划分，而分众则是根据一个标准对一个庞大的群体进行横向划分。但两者皆存在与精细划分的元素，而这些元素的存在正是当前音乐类综艺节目行业生态环境的突出特点。

对于音乐类综艺节目而言，垂直类音乐综艺节目在垂直的概念基础上进行内容延伸，指具有一定专业性和指向性的深耕领域的视听类音乐节目，从选秀节目到声乐选秀节目，再到美声类选秀节目，皆体现出垂直细分的节目属性及发展趋势。

三、垂直细分视野下的音乐类综艺节目能够在一定程度上避免节目同质化

综艺节目发展从蓝海走向红海，竞争日趋激烈，加上我国关于节目版权相关的法规和政策尚未完善，最终导致同质化节目频出，节目之间恶性竞争、相互抄袭，严重破坏了综艺节目的生态环境。事实上，每当一个火爆的节目诞生，诸多复制节目都会紧随其后，这最终导致了受众的审美疲劳。对于音乐类综艺节目而言，选手和嘉宾资源也在不断枯竭，每一档节目都无法持续多季播出；不同类型的节目之间的界线也不够清晰。因此，对节目进行细致划分，通过对节目的受众群体进行精确把控，发掘小众市场，寻找独特领域的圈层文化，避免同质化竞争，成为音乐类电视综艺节目进行分类的行业意义。

---

① 胡润新：《互联网垂直类竞技节目特征及发展趋势探究》（硕士学位论文），中国传媒大学 2019 年。

四、用户思维模式下的节目类型划分有助于节目自身突破本体圈层

用户思维,是当前媒介融合时代互联网平台中大量综艺节目进行类型划分的底层逻辑。同传统电视媒体时代的 24 小时线性排播不同,互联网媒介平台中的节目与受众之间的关系不再是单向度输出,而是节目在任意时刻都能够因为用户的喜爱而获得收视点击,因此,需要给予用户全方位、便捷化的服务。在此基础上,节目进行合理的分类模块划分,让用户在搜索节目的过程中能够快速通过节目类型寻找到自己所期望的节目,大幅度节省时间成本。

与此同时,某个节目类型领域中较为年轻的用户群体,更能积极发挥能动性,带动特定小众圈层节目的收视率或点击率,从而使节目不断向大众传播,让小众文化有机会突破圈层。优酷视频曾经表示:"即使有大众"爆款",比如电影,也需要先打穿某些圈层,经历圈层爆发,再蔓延到更多人群。"[1]

五、音乐类综艺节目类型的精细划分是深度发掘内容并进行创新的必要手段

只有对节目内容进行精细划分,在垂直领域中探索出不同层次的节目题材、节目模式,才能够让节目团队根据不同领域的特

---

[1] 尚阳、赵丹:《优酷春集发布百部剧综新品 圈层爆款成为新常态》,见中国网(http://news.china.com.cn/txt/2018-04/20/content_50924981.htm),2018-04-20。

征找准创作目标，提升艺术审美能力，在尊重小众圈层文化的基础上对节目进行整体把控，发挥音乐类综艺节目的传播价值，获取最大的受众认可。因此，对音乐类综艺节目类型进行精细划分，能够有效发掘节目创新点，对节目本体进行内容突破。对音乐类综艺节目进行精细划分的益处可分为三点：更容易寻找创新突破口，有助于发掘小众领域的最优资源，是有效利用综艺元素并传播小众文化的手段。

（一）精细划分的音乐类综艺节目更容易寻找创新突破口

在观看音乐类综艺节目的过程中，受众在视听体验的基础上，与综艺节目作品形成精神深层次上的互动，并对作品内容进行解读。在对音乐类综艺节目进行垂直划分的过程中，往往能够突破传统节目宏大的内容讲述模式，产生与某一具体领域的音乐元素相应的"爆点"。例如在选秀竞技类音乐综艺节目《中国好声音》中，存在不同类型的音乐题材和表现手段，同时也夹杂了真人秀的叙事内容，节目一直以综合性面貌呈现，当受众产生了一定的视听欣赏疲劳时，小众音乐或选手则更容易引起热烈讨论，甚至能够带动节目针对这一小众音乐领域的内容进行更为精细的垂直探索。因此，对音乐类综艺节目进行精细的划分，是整个综艺节目类型化发展过程的进一步深耕尝试。

从音乐艺术的本体角度来看，历史悠久、种类繁多的音乐艺术，本身就具有对其进行垂直类型划分的天然优势。不论是美声领域的《声入人心》，还是古风领域的《国风美少年》，或是传统音乐文化领域的《经典咏流传》和民歌领域的《中国民歌大会》，都是依照音乐自身的体裁进行内容划分的。音乐体裁成为综艺节目内容划分的依据，也让小众音乐文化通过电视、互联网媒介，以综艺节目的呈现形式得到最广泛的传播。近年来，诗词文化、美声文化、民族传统音乐文化、嘻哈文化，皆是在精细类型划分的音乐类综艺节目播出后受到了大众热议，这也体现了音乐类综艺节目存在的社会价值及市场价值。

（二）对音乐类综艺节目进行精细划分有助于发掘小众领域的最优资源

对音乐类综艺节目进行精细的类型划分，能够集中投入，找到最优质的音乐人、音乐作品以及音乐制作团队资源。同时，能够把握住掌控小众音乐文化资源的先机，集中精力进行内容挖掘，将优质内容通过媒介呈现出来，展现小众音乐文化真实、精华的一面，并通过优质的音乐人进行媒介平台传播。

更具有文化本体价值的是，受众能够增强对小众领域音乐文化艺术的认识，打破对音乐文化圈层认识的原始瓶颈，消除对小众音乐文化圈层认识上的偏差。例如美声音乐文化，可能在传统音乐类节目中，它给观众的印象就是艰涩难懂的高雅艺术，很少能够在大众圈层中引发受众的共鸣。但是《声入人心》这个音乐类综艺节目则直接瞄准对美声艺术有兴趣的专业音乐人，捕获其注意力，让他们成为促使美声艺术迅速破圈的用户与传播者，缩短普通大众与这一艺术样式的距离，加速其对这一艺术样式的了解。节目中的表演也将美声与流行音乐、电子音乐等音乐类型进行结合，为美声音乐文化提供了融入大众的渠道，赋予美声艺术全新的市场价值。这进一步说明了对节目进行合理的类型划分并针对受众进行投放，再适当增加节目的综艺元素，能够在尊重小众圈层文化的基础上，对音乐类综艺节目进行最大程度的传播。换句话说，当小众圈层的音乐文化被纳入宏观意义上的音乐类综艺节目的范畴之中，就拥有了在大众舞台上展示自我、发挥特色的空间。小众音乐文化在节目类型划分的过程中，一方面能够有效保持自身特色，另一方面也能够融入大众文化传播生态之中，通过综艺元素贴近大众，提升自我表达力，既保护了自身的文化圈层生态，又对受众起到了文化引领的积极作用，有助于优质节目内容的诞生。

（三）对音乐类综艺节目进行精细划分是有效利用综艺元素并传播小众文化的手段

从综艺节目制作层面对音乐类综艺节目进行垂直划分，可以有效传播小众文化。从音乐文化本身来看，一些小众音乐由于内容及表现形式过于专业，覆盖范围有限，因此，普通受众对这一领域的了解十分欠缺，甚至影响了其对音乐文化的欣赏，从而降低了音乐文化传播的效率。在一些音乐类综艺节目中，需要利用综艺化的手段对节目环节、节目表现形式进行设置，帮助小众音乐文化在大众平台上进行传播。在综艺节目的制作过程中，可以利用"花字"①、嘉宾的科普性解释、选手与观众的互动来对小众音乐文化进行通俗化呈现。例如在《声入人心》中，如果只是将美声作品的演唱难度分级，普通受众就很难理解，因此节目组利用综艺化手段，设置了"音乐知识"环节来对专业内容做解释，对受众进行基本知识点的普及和引导，既具有趣味性，又有助于受众有效理解后续的节目内容。一些节目还通过"花字"来说明专业内容。在《这！就是街舞》中，专业的街舞动作、街舞术语就通过"花字"进行必要的说明。

---

① "花字"，是"花式字体"的简称。指用剪辑软件制作的，集图形、色彩、动画等多种表现效果于一体的文字字幕，多为简短的词语或解释说明性的文字，常见于综艺节目中，起到画龙点睛和烘托气氛的效果。

第二节　基于节目内容的音乐类综艺节目垂直类型划分

对音乐类综艺节目进行垂直类型划分，主要还是基于内容。内容的垂直化建构是音乐类综艺节目进行垂直化发展的必然趋势。从2017年《中国有嘻哈》热播起，各大互联网媒介平台就开始了对不同领域音乐类综艺节目垂直小众化内容的探索。一时之间，爱奇艺的《中国有嘻哈》与同平台的《中国新说唱》，优酷的《这！就是街舞》与爱奇艺的《热血街舞团》，爱奇艺的《偶像练习生》和腾讯的《创造101》成为同期同品类小众垂直内容竞品。尽管垂直细分下的音乐类综艺节目存在市场竞品，但与传统意义上的大众市场综艺节目相比，竞品数量屈指可数，这有助于集中综艺节目制作团队、选手与嘉宾资源，产出更优质的作品。

根据音乐类综艺节目的内容以及涉及的音乐领域，可以将垂直化发展这几年以来，节目的聚焦领域划分为音乐表演、舞蹈表演、偶像养成三个主体类型。某个类型如果发展较为成熟、内容充分，还能够再进行进一步的亚类型划分，例如音乐表演类，能够细分为电子音乐类、说唱音乐类、国风类等。但需要说明的是，某个类型的音乐类综艺节目，可能会包含其他类型的综艺节目或音乐类综艺节目中其他主体类型的一些元素，但依然以其本身的核心元素为主体，例如音乐类综艺节目中的偶像养成类一定存在竞技类综艺节目的元素，但更倾向于养成过程，竞技只是最终展现养成结果的形式；音乐类综艺节目中的舞蹈表演类也离不开音乐表演类的元素，但舞蹈是节目的核心内容。

音乐综艺节目发展历程及趋势探究

一、音乐表演类

音乐表演类节目是音乐类综艺节目垂直细分后最先发展起来的节目样式，起源于 2017 年播出的《中国有嘻哈》。《中国有嘻哈》既符合受众对节目表演本身的普遍追求，又体现了小众节目的内容，率先成为音乐类综艺节目垂直发展后的首个"爆款"。这一节目同样存在竞技元素，但核心在于通过表演向受众传播说唱文化。这进一步说明了在经历了多年来大而全的发展阶段后，节目只有不断垂直聚焦，征服特定受众，才能突破圈层，走向大众文化视野。

如果将音乐表演类节目进一步细分，可以分为电子音乐类、说唱音乐类、古风音乐类、民族音乐类、美声音乐类、流行音乐类等类型，每一类节目皆在不同阶段诞生了优质的代表作。本节将具体论述电子音乐类、说唱音乐类以及国风音乐类三个主要类型。

（一）以《即刻电音》为代表的电子音乐类节目

1.《即刻电音》的节目概况及播出影响

《即刻电音》是 2019 年由腾讯视频出品，灿星制作和企鹅影视联合制作的电子音乐制作人表演节目，节目将制作人表演与创作结合，专注于电子音乐领域，现代感十足。《即刻电音》邀请了凭借 Faded 一曲在国内获得一定知名度的艾兰·沃克（Alan Walker）担任"特邀主理人"，并且邀请郭曲（Panta.Q）、得体克拉斯（Dirty Class）、Anti-General 等有一定知名度的国内电子音乐制作人参加。节目共 10 期，受众通过竞技比赛的形式来欣赏不同电子音乐制作人的表演。参加的选手皆为成熟电子音乐制作人，不论比赛输赢，他们都将电子音乐这一小众音乐类型的文化进行了成功的舞台展现。

作为节目设置的一部分，《即刻电音》最终选拔出来的冠军，将会被邀请登上 2019 年 Tomorrowland（明日世界电子音乐节，全球最大的电子音乐节之一）的主舞台，让中国电子音乐人的声音被更多人听到。《人民日报（海外版）》点评道："这档节目（《即刻电音》）第一次让电音行业的幕后创作者走到台前，对于普及电音文化、打破圈层以及挖掘中国优秀音乐制作人与推广原创电音作品等，将起到积极作用。"[①]

该节目于 2018 年 12 月在腾讯视频播出，2019 年 2 月结束。《即刻电音》通过其优质的音乐素养及明星效应，让电子音乐这一音乐类型成功突破固有圈层，获得了更广泛的关注。

2.《即刻电音》的行业环境及诞生背景

行业环境对《即刻电音》的诞生主要有两方面推助：从宏观来看，随着整个音乐类电视综艺节目的发展，节目同质化现象严重，市场饱和度过高，需要类型新颖的节目；从微观来看，中国国内电子音乐本土化发展速度加快，出现了一系列电子音乐的小众音乐文化爱好者，需要将这一文化进行破圈，普及给大众。《即刻电音》的成功是对音乐制作人、原创音乐的鼓励，希望能够通过电子音乐这一艺术形式，发掘我国本土化音乐内容，将当代中国电子音乐制作人的才华释放出来。

3.《即刻电音》的节目特色

（1）节目内容在音乐风格上进一步垂直细分

即便已经是细分化的音乐类电视综艺节目，《即刻电音》仍

---

① 胡一婧：《〈即刻电音〉展示年轻人的"能玩会造"》，载《人民日报（海外版）》，2018 年 12 月 3 日 7 版。

然在节目内部进行了更为精细的电子音乐类型划分，并通过形象的色彩加以区分。其中，夸张的荧光绿色搭配的是电子舞曲（Electronic Dance Music，EDM），深沉的紫色对应的是都市风格（Urban），饱和度很高的黑白红色代表的是极简科技舞曲（Minimal），而浪漫的粉色则与蒸汽波风格（Vaporwave）相搭配。这种给曲风设定代表色的做法，给节目增加了观赏性的同时，也能帮助对电子音乐接触不深的观众快速区分各个曲风，通过视觉直观感受不同风格各自的特色。

（2）在电子音乐垂直细分领域增加专业人员

一般来说，综艺节目因为需要话题度和曝光量，所以会邀请一线明星参加，而垂直题材的综艺也需要垂直细分领域的专业人员来增加节目的专业程度，这样才能制作出有一流水准的内容。以电子音乐为内容的《即刻电音》，节目组便邀请了我国在该领域较为优秀的电子音乐制作人，如安栋、张有待、三少、B6、沈立嘉、叶云甫等，让他们对节目的专业性进行内容把关。此外，节目组还集结了被节目称为"音乐梦之队"的幕后制作团队，其中包括节目音乐总监作曲家、跨界音乐制作人安栋，幕后制作人西蒙·纳皮尔-贝尔（Simon Napier-Bell）、Quba、Sam Harper、John Harris、孔潇一、郑伟、薛钦之等人，这些国内外优秀的编曲制作人和音乐制作人为选手在编曲制作上提供专业化和细节化的协助。

另外，著名国际电子音乐节品牌Tomorrowland除了为节目提供了登上主舞台的机会外，还为节目提供了最大的专业背书。Tomorrowland派出了强大的顾问以及制作团队参与到节目之中，并辅助节目运营。

（3）努力帮助小众音乐圈层通过节目破圈

在《即刻电音》播出前，电音早已经形成了自己的圈层文化,活跃在各个城市的巡演舞台上。根据国际音乐峰会发布的《2016—2017全球电子音乐产业报告》:2016全球电音产业的年产值已经达到了71亿美元,预计2017年达到74亿美元;而包括中国在内的亚洲国家和一些南美地区国家,正在成为电子音乐产业崛起的新力量。[1] 艾媒咨询的数据[2]显示:2016年中国电子音乐节数量为32场,预计2017年举办86场,2018年国内电音节数量或将超过150场。可见,增长中的小众市场存在巨大的可挖掘空间。

《即刻电音》这一小众音乐类综艺节目帮助中国电子音乐行业打破圈层,建立上升通道的传播效应,同时使电子音乐文化不断同国际文化相融合,一方面实现电子音乐的本土化发展,另一方面促使本土优秀的电子音乐人和作品走出国门,成为国际同类音乐品种市场上的主要参与者。与此同时,幕后的音乐制作人也有机会走到台前,让原创音乐、音乐版权受到重视,有助于建构属于本土的电子音乐生态环境。

为了增加受众了解电子音乐文化的渠道,《即刻电音》还在上线播出之前,邀请业内音乐"大咖"、电子音乐制作人、原创音乐人等参与同类题材的微纪录片拍摄。微纪录片聚焦电子音乐生存空间、原创音乐人创作动力、音乐版权、音乐传播与受众年轻化等问题,为节目突破圈层提前预热,奠定内容基础。

(二) 以《中国有嘻哈》为代表的说唱音乐类节目

《中国有嘻哈》由爱奇艺副总裁陈伟和金牌制作人车澈联合

---

[1] 卢扬、王嘉敏:《海外音乐节争相入华"镀金"》,载《北京商报》,2018年3月16日B1版。

[2] 艾媒咨询:《2016—2017年度中国电子音乐市场研究报告》,见艾媒网(https://www.iimedia.cn/c400/56632.html),2020-08-03。

打造，同时邀请吴亦凡、张震岳与热狗（MC Hotdog），以及潘玮柏担当明星制作人，首播于 2017 年，在当时是爱奇艺有史以来投入最大的互联网原创类节目。节目分为 12 期，包括赛制竞技和真人秀剧情两个环节，通过这两个环节烘托说唱音乐的表演氛围，展现叙事空间，将说唱表演真实、动人地呈现出来，最终让一些起初并不为大众所熟悉的说唱选手和歌曲突破圈层，进入大众视野。这其中包括当下活跃于说唱舞台的 GAI、艾福杰尼、布瑞吉（Bridge）、Jony J、VAVA 等，也包括一些流传至今仍然具有广泛影响力的歌曲，诸如《老大》、《不用去猜》、Time 等。《中国有嘻哈》的第一季过分强调竞技与冲突，反倒冷落了对说唱音乐文化的传播，有些喧宾夺主。因此，第二季在更名为《中国新说唱》后，就减少了对抗的内容，强调表演本身，尽管不如第一季反响强烈，但仍然让许多经典的高难度说唱歌曲流行起来，比如大众耳熟能详的《星球坠落》和《目不转睛》。

1. 小众内容与题材的大众化综艺表现

《中国有嘻哈》的节目创作目的同样是通过缩小选题范围，带动某一垂直音乐领域的发展，通过节目的专业化和精品化，将小众内容以大众化的综艺形式呈现，从而成功破圈。

因此，在节目创作的过程中，《中国有嘻哈》着力呈现表演，同时又通过真人秀叙事强化小众说唱音乐文化的可看性。总导演车澈在复盘节目时讲道："《中国有嘻哈》是一个没有任何套路的真人秀，实际上我们只做两件事情：第一，我们设定了整个的流程和规则；第二，我们找到了合适这样的人，把他们放在真人秀的规则里面。"① 这种做法抛弃了所谓的台本规定动作，在台前加剧了冲突，而导演组在幕后把控内容，不干预台前自然发生的人物行为与情感表达，在尊重规则的前提下，让"意外"有发生的空间。这就使得垂直类小众音乐节目保留了自身的文化元素和艺术理念，及其激发戏剧性的可能。

与此同时，正因为题材选择已经十分小众了，《中国有嘻哈》就更需要大众的流量入口，利用明星自身的流量带动节目的基础流量，是大多数此类节目所采取的手段。不论是音乐类还是其他类型的综艺节目，受众都被明星效应所影响，这一现象从2012年的《中国好声音》开始，已经越来越明显。如果导师本身具有流量，导师之间存在较大的性格或人设差异，将给节目带来更大的话题度和观看量，人气与实力兼备的导师或嘉宾永远是节目的最佳选择。从《中国有嘻哈》的微博搜索关键词词云图（见图2-2）可以看出，即便是不懂嘻哈文化的受众，也会对吴

图2-2 《中国有嘻哈》微博搜索关键词词云图②

---

① 沈多、美圻：《这是我们做过最失控的节目！〈中国有嘻哈〉制片导演揭幕后真相》，见ZAKER（http://app.myzaker.com/news/article.php?pk=59b5e1ca1bc8e0456a000008），2020-09-16。

② 胡润新：《互联网垂直类竞技节目特征及发展趋势探究》（硕士学位论文），中国传媒大学2019年。

亦凡感兴趣，因为吴亦凡带来的热度，节目得以打破圈层的壁垒。

如果说《中国有嘻哈》还具有一定的竞技成分，《经典咏流传》则完全以表演和解读为主，让受众将全部的观看注意力集中到诗词本身的语境之中，真正意义上做到对传统文化的聚焦。

从传统文化传播的角度来看，垂直类音乐综艺节目《经典咏流传》则更具有社会价值，实现了经典文化与视听媒介的有机结合，同时融入通俗易懂的音乐艺术。参与人既包括艺术名家，也包括实力歌手，同时还包括热爱生活的每一个普通受众，每一个人都有传承经典的使命、责任和权利，也能够从自身的特质、专业和表达风格上对传统经典文化进行个性化解读，最终经由专家把关，提升节目的专业品质和艺术品质。

3. 受众视域下的传统音乐文化传承需求

在媒介传播理论中，"使用与满足"这一概念诠释了受众在接触媒介产品过程中的心态，一方面是满足自身的情感需求，另一方面则是受到外部因素所带来的社会风潮的影响。

从自身情感需求满足的属性来看，每一个人的成长环境、天然喜好皆存在不同，选择什么样的视听媒介产品，与个人本质密切相关。综艺节目具有较强的娱乐性与视听性，因此，从节目类型的角度上来看，能够在较为广泛的受众群体中引发共鸣。而音乐类综艺节目不论是从数量、可看度还是明星效应、娱乐性上，都具有十分丰富、生动而有趣的元素。在传承中华传统文化的号召下，利用音乐类综艺节目进行内容承载，是符合当前大众媒介与受众满足之间的需求理论的。

从成长环境要素来看，客观上所存在的社会压力、快节奏生活是经济发展带来的不可避免的结果。人们在这样的环境中，需要中华传统文化所带来的美好与舒缓。《经典咏流传》的播出，能够有效地将娱乐、大众文化、视听媒介传播、中华传统文化进行有机结合，使受众在学习传统文化的过程中，欣赏了音乐，放松了精神。

从社会发展需求的主观能动性来看，传承传统文化、树立民族文化自信是当前社会发展前进的必备诉求，《经典咏流传》的出现，也符合国家当前推动文化发展的政策举措，并能够在服务于国家政策的同时，赋予受众更丰富多元的文化产品。

最后，回归到节目本身，《经典咏流传》也是一个有内涵、专业过硬、审美层次较高的垂直类音乐节目，一方面满足了节目自身的高质量、垂直化发展需求，另一方面满足了受众本身精神体验的需求。这符合人们在经济发展的基础上，对美好精神文化的追求与向往，也客观反映了长期饱和的单纯只有娱乐性的选秀类综艺节目缺乏内涵，无法满足受众审美诉求的现状。

（三）以《国风美少年》为代表的国风类音乐综艺节目

1. 现代文化与传统文化的有机融合

为了充分将大众传播媒介与传统文化有机融合，音乐类综艺节目不断垂直化深耕发展，通过小众题材整合不同元素，把握流行趋势，同时向传统靠拢。国风类音乐综艺节目在这样的背景下诞生，以《国风美少年》为代表力作，出现了若干国风类优秀的小众音乐作品。

《国风美少年》首播于2018年，由爱奇艺出品，以国风文化创新为目的，通过综艺节目歌唱表演的展现形式，给古风、传统类音乐作品以展示舞台，倡导传统审美潮流。从节目形式来看，《国风美少年》仍然以表演为主，具有赛制选拔成分，20位表演者（节目称为"国风少年"）被分成三个等级，最末等级有被淘汰的可能。参赛的国风少年既包括高等院校的专业学生,也包括活跃于网络的古风音乐爱好者。

《国风美少年》的出品方力图通过节目来为创新国风文化贡献力量。由于国风的受众群体多为青少年,节目利用偶像的力量,以表演的形式呈现,能够在青少年圈层中引起一定的反响,有助于青少年了解传统文化。节目通过国风类音乐传播国学,推广传统审美潮流,体现了《国风美少年》的口号——"少年因国风而美,国风因少年而新"。

为了增加垂直类小众国风节目的专业度,《国风美少年》专门设置了"国风品鉴师"这一嘉宾身份,这一身份始终保持神秘状态,与霍尊、鞠婧祎、张云雷共同形成了嘉宾团队阵营,既保证了专业度,又有了流量热度,同时增加了节目真人秀叙事层面的悬念感。

2. 不断提升特定圈层受众群体对节目艺术品质的认知度

特定圈层对垂直发展的音乐类综艺节目具有更为透彻的认知,能够充分地看出所关注圈层的小众文化在综艺节目中的呈现状态,同时辨别节目的专业性与艺术性,甚至能够成为节目与圈层本身、圈层外部之间沟通的桥梁,能够通过媒介互动辅助节目提升专业性和文化价值内涵,并监督节目的专业化走向。在《国风美少年》中,不论是评委、参赛选手的选择,还是节目主体之间的互动,都能够体现出节目在国风垂直领域具有一定的权威性。同时,节目在进行包装、宣发的过程中,也充分吸取圈层受众的意见,尽量使节目获得更高的人气,在社交平台上引起频繁的话题讨论与高度共鸣。在注重节目本身的受众效应的同时,《国风美少年》还开发了衍生节目《国风好听跪》与《国风美到炸》,三档节目形成播出矩阵,让国风这一概念不断在互联网平台中发酵,受众在欣赏国风歌曲的同时,也欣赏到了国风的服饰，感受到了国风文化的整体魅力，为进一步传播这一小众类型音乐营造了良好的媒介氛围环境。

3. 对音乐本体艺术及国风周边文化的充分带动

垂直类音乐综艺节目《国风美少年》的播出，一方面在客观上带动了古风类音乐的大规模流行，另一方面又促进了官方网游等周边文化的繁荣。尤其对于古风歌曲来说，其更能够体现音乐类综艺节目对音乐本体艺术市场的贡献。

出现于本世纪初期的古风歌曲是一种独特的音乐风格，歌词古典雅致，采取整齐押韵的措辞，曲调唯美，多利用民族乐器进行演奏，体现出中国文化的优美意境，尽管是一种当下流行音乐文化的亚类型，但传播的却是古典文化或古典文化元素。这一音乐艺术类型的受众群体及创作群体，更多关注于音乐本身，缺乏对市场的迎合与敏锐，因此一直处于小众领域。早期的古风歌曲大多作为仙侠游戏的配乐，后来逐渐发展成一种音乐风格，流行于互联网。在垂直类音乐综艺节目《国风美少年》热播后，国风音乐受到了更为广泛的受众的青睐，可以说是这档节目对该类型音乐文化的贡献。

二、舞蹈表演类

垂直类音乐综艺节目领域中，舞蹈表演类节目离不开音乐元素的支撑，同时也具有十分鲜明的可视化观赏价值，因此，在当下音乐类综艺节目不断垂直化发展的媒介融合时代，舞蹈表演类节目具有十分鲜明的优势。不同于传统意义上的舞蹈表演类节目，如《舞动奇迹》《舞林争霸》《舞林大会》等，垂直细分时代的舞蹈表演类节目更关注舞蹈类型本身，希望通过小众舞蹈类型发掘小众舞蹈文化，打开行业缺口，向大众传播。这部分本书将重点论述街舞类舞蹈表演综艺节目和小众舞蹈领域的经典代表作品。

（一）率先创新的街舞类舞蹈表演综艺节目——《这！就是街舞》与《热血街舞团》

2018年，优酷和爱奇艺在垂直化发展的音乐类综艺节目中，在舞蹈表演领域进行破圈尝试，分别出品了《这！就是街舞》与《热血街舞团》两档综艺，聚焦舞蹈领域中的街舞题材，网罗了一大批具有高黏性、针对性的受众。从宏观行业领域来看，这两档节目获得了较大的成功，取得了良好的播出效果。

尽管这两档节目都率先在街舞领域进行了尝试，但从效果来看，却存在一些差异，从而导致节目在最终的市场收益与受众群体上有所区别，这也为垂直类节目的发展提供了相应的借鉴。

1.《这！就是街舞》与《热血街舞团》节目特质的根本差异

《这！就是街舞》与《热血街舞团》都属于音乐类综艺节目垂直发展过程中出现的舞蹈表演类型，二者同时聚焦街舞这个舞种，传递与街舞相关的文化及舞蹈专业知识。其中，《这！就是街舞》由优酷出品，归属于"这！就是年轻态"系列品牌，不仅内容垂直，受众和选手年龄也垂直于年轻群体。由易烊千玺、韩庚、黄子韬等四位人气和实力兼备的艺人担任明星队长，整体节目风格表现出后现代的赛博朋克风格，突出街舞的元素，体现舞者的专业素质，激发其艺术潜力。同时，利用"花字"普及街舞专有名词，再通过专业的赛制激发街舞选手的专业潜力，在激烈、紧张的竞技氛围中让受众了解街舞文化。例如赛制中的

call out（不服挑战）、"抢七"大战①等环节，活用了街舞文化中传统的斗舞活动，能够充分体现街舞精神，也为节目提供了不少精彩的比赛看点。

《热血街舞团》由爱奇艺出品，由鹿晗、陈伟霆、王嘉尔、宋茜担任热血召集人，吸引了舞佳舞、嘉禾舞社、RMB、HELLO DANCE、T.I、X-crew、星舞忠等国内知名舞社参加。比起《这！就是街舞》，《热血街舞团》采取了轻专业、重剧情的综艺策略，希望通过加入真人秀剧情，使街舞文化"出圈"，率先网罗一批受众。例如，在节目中，陈伟霆和宋茜因为"导师秀"发挥失利，必须用仅有的一个小时，在"热血之城"（节目按照电影外景规模搭建的沉浸式场景，占地面积约有四五个足球场）中完成选人的环节。当最后一个晋级名额产生时，全城集结，聚在一起的选手们让现场的气氛到达了顶点，那个感情爆发的瞬间体现出了真人秀强大的叙事性，让节目效果具有了饱满的叙事张力。当然，《热血街舞团》这种设置的确忽略了一些演员的专业表演内容。

由上可见，这两档节目的最大特质差异体现为前者重视专业，后者重视剧情，这一差异导致了节目后续的发展、宣传、传播效果、"出圈"能力以及受众影响力的差异。

2.《这！就是街舞》与《热血街舞团》视觉理念设置的侧重点不同

《这！就是街舞》与《热血街舞团》在节目视觉设计上，突

---

① 通过转瓶子决定出场顺序，在规定时间内进行1对1斗舞，由队长投票决定胜负，胜者积1分并成为擂主，败者进入队伍末尾等待打擂。规定时间内积分前3名晋级44强，但若有人连续战胜所有打擂选手，则直接晋级。[引自《这！就是街舞》，见百度百科（https://baike.baidu.com/item/%E8%BF%99%EF%BC%81%E5%B0%B1%E6%98%AF%E8%A1%97%E8%88%9E），2020-08-03。]

出了垂直类舞蹈表演节目应有的元素。这也是舞蹈表演类节目同歌唱表演类节目的本质不同：对视觉造型的重视。两档节目同时在两个环节上重点突出了视觉设计，其一是舞美空间，其二是服装道具。前者体现了节目的整体风格，后者则体现了舞者自身的符号与形象。

首先，从总体视觉效果来看，《这！就是街舞》与《热血街舞团》的节目视觉设计理念皆围绕街舞文化进行。前者在赛博空间中，搭建了不同地域文化风格的场景，其中广州、上海、北京等中国城市风格的场景搭建体现了浓厚的中国元素，使作为舶来艺术的街舞与本土文化相融合，同时加入了现代空间科技感。后者则在舞蹈表演的街道上，以电影布景的方法建造了一座"热血之城"，其中共有"40000平米的美术置景、近2000名工作人员参与搭建、38个不同表演风格的舞美场景"[①]，同时为不同的舞团量身定制不同的舞美效果，呈现出可360度无死角观看的美术场景。（见图2-3）

图2-3 《这！就是街舞》与《热血街舞团》舞美图

（图片来源：节目截图）

[①] 周洋：《〈热血街舞团〉讴歌时代精神 提升文化软实力》，见人民网（http://media.people.com.cn/big5/n1/2018/0613/c200167-30055825.html），2018-06-13。

其次，从细节处看，《这！就是街舞》中用"丢毛巾"的方式进行投票，增加了道具的出现频率和功能，通过将毛巾这个道具加入街舞文化元素，把参赛选手带入带着毛巾跳舞的熟悉的环境中。此外，毛巾本身也是舞者在街舞表演过程中必不可少的着装元素。最终，从毛巾出现在屏幕中的空间面积和色彩冲击力来看，的确发挥出了其对舞台人物造型设计与风格呈现的重要功能。

《热血街舞团》采用的细节道具则是 HBDC 项链，这点与爱奇艺之前出品的《中国有嘻哈》具有同样的节目产品思路。这一设计实际上有些偏离街舞文化本身，比起毛巾，很少有街舞表演者会佩戴这样的项链，但项链的设计却为节目后续衍生产品的开发奠定了基础。

3.《这！就是街舞》与《热血街舞团》对不同风格及属性节目包装的解读

对于综艺节目而言，不论是音乐类、观察类、旅游类还是益智类，节目后续的包装及"花字"都是节目风格呈现的重要元素。尤其是随着受众审美能力的提升、受众对节目艺术质量要求的提升，节目包装体现圈层特定专业文化的作用更不容小觑。对于垂直发展的小众音乐类综艺节目而言，专业的节目内容更需要"花字"赋予节目本身一定的娱乐性、可看性以及专业内容上的弥补。上述节目包装理念在《这！就是街舞》以及《热血街舞团》中皆有所体现。

《这！就是街舞》中的"花字"是对专业知识的介绍和补充。对于小众领域的街舞节目而言，可能会有一些观众想要了解但因过于专业而产生理解障碍的动作或术语，此时，"花字"和动画就承担了解读的功能。例如，选手在做 wave① 时，旁边会出现"waving 电波流动"的"花字"介绍。这也体现了舞蹈表演节目与声乐表演节目的本质不同，尽管两者皆属于音乐类综艺节目的范畴，但舞蹈表演节目具有更高的观看门槛，对于其中更为小众的街舞而言，门槛更加明显，更需要通过"花字"等形式降低欣赏门槛。技术与动作"花字"是《这！就是街舞》中最常出现的包装设计。

而在《热血街舞团》中，"花字"和动画的包装则脱离了街舞专业本身，而倾向于传统综艺包装的情节设计。这也是秉承了这档节目的制作理念，认为剧情比竞技更加重要，真人秀叙事的成分比专业的街舞更容易获得受众的喜爱。可以说，《热血街舞团》中，街舞甚至沦为节目的一种呈现载体，节目本质上更倾向于真人秀，从一定程度上降低了观看的门槛，但是也失去了相当多的专业受众。由此可以看出，对于小众垂直类音乐综艺节目而言，专业才是节目的核心价值。

4.《这！就是街舞》与《热血街舞团》对小众舞蹈表演类节目的启示

在小众垂直类音乐综艺节目中寻找合适的题材，同时开发出合适的节目模式，的确存在相当的难度与较长的瓶颈。好看和专业这两个综艺节目因素一直是这类节目在制作过程中需要充分平衡的问题。《热血街舞团》在街舞节目中注入更多的真人秀成分，目的是增加节目的可看性，源自"剧情式真人秀是万能的"的思维模式。事实上，专业人士对这一思路一直持否定态度："节目的题材、圈层、用户定位等等都必须衡量清楚了，才能选

---

① 波浪舞，或称电流舞，是一种将一个动作从身体的一个部位传递到另一个部位的舞蹈。因其传递动作类似波浪（或电流）而得名。

第二章 音乐类综艺节目的类型划分

定一档综艺的模式和走向。"① 这预示着真人秀成分在垂直类音乐节目中的作用，只是辅助大家观看节目，降低接受节目圈层的门槛，但并不应是这类节目的核心，不能够将真人秀放在节目核心的位置而忽略节目的专业性，如果以这样的导向去开发垂直类综艺节目，垂直及细分的意义就被抹杀了。

此外，从《这！就是街舞》和《热血街舞团》两档节目来看，因为节目内容题材较为小众，观看门槛也比较高，因此需要一些流量明星对节目收视进行加持。这一创作思路固然存在合理性，但也有可能导致该类节目对流量明星过度依赖：试图利用人气明星带动粉丝对节目进行传播，一些对街舞文化完全不感兴趣也不了解的受众会因为喜欢流量明星而观看节目，但这会偏离节目的初衷，甚至产生矛盾。如《这！就是街舞》和《热血街舞团》这两档节目同期上线，因为同一流量明星的签约问题而产生了矛盾，节目沦为争夺流量明星嘉宾的赛场。针对这一现状，中央宣传部、文化和旅游部、国家税务总局、国家广播电视总局、国家电影局五部门于 2018 年 6 月联合印发《通知》，要求加强对影视行业天价片酬等问题的治理，希望此举能切实改善行业现状，让巨额的投资花到更有需要的地方，促进互联网垂直类竞技节目的良性发展。

（二）小众舞蹈领域的大众选秀狂欢——《舞蹈风暴》效应

《舞蹈风暴》是湖南卫视出品的舞蹈类电视表演竞技类节

---

① 朱婷：《专访陈伟 ｜ 从嘻哈、街舞到格斗机器人，爱奇艺的"爆款"方法论是什么？》，见搜狐网（https://www.sohu.com/a/229867382_100156659），2020-08-03。

目，于 2019 年 10 月 5 日首播，收视率持续名列同档期节目第一①，同时保持一定的微博话题热度。尽管节目中的舞蹈表演十分专业，但是节目组没有限制舞种，仅对参加者本身专业度和基本功有严格的要求，这给垂直类舞蹈表演综艺提供了另一种制作思路：对内容种类适当放宽，但对专业本身严格要求。在这种思路下，《舞蹈风暴》以一种专业度极高的表演竞技面貌出现在荧屏上。

1. 专业聚焦点的另一种尝试

《舞蹈风暴》聚焦于舞者本身的业务水准而并非舞种细分。有别于其他在节目具体内容上进行精细划分的音乐类综艺节目，《舞蹈风暴》将节目的垂直聚焦点放在"多舞种专业舞者"的维度上，力图发现不同专业领域的优秀舞者，让舞蹈艺术的媒介呈现回归到专业化轨道上来。为了实现上述目的，节目组用了大量的时间和精力从专业艺术院校、专业团体、个人品牌舞蹈工作室中进行舞者选拔，最终选择了不同风格的 50 组舞者进行拍摄录制。选拔标准最大限度地脱离人物带来的戏剧化真人秀元素，舞者本身的经历不作为核心考察标准，每一个舞者都凭借专业能力而非情感获得展现自我的机会。当然，作为一档真人秀栏目，在选拔的过程中，舞者的个人经历、平台以及外貌还是会成为影响节目流量的考虑因素，但节目组仍然主要从专业技术本身出发，选拔出舞蹈领域的精英业务典范，选出不论是在编舞才能还是表演才能上，皆能够代表该领域的优质群体。作为一个小众垂直类舞蹈表演节目，为了体现节目的专业性，节目组除了进行专业化

---

① 趣趣黑科技：《收视率十二连冠！芒果台尝到甜头，立马推出〈舞蹈风暴〉第二季》，见新浪网（https://k.sina.com.cn/article_6997088559_1a10f192f00100lky1.html?from=ent&subch=variety），2020-08-03。

的舞者选拔之外，还在节目编排上，安排了专业解读环节，在每一个表演开始之前，针对不同舞种进行专业知识的普及。节目限制每一个舞蹈节目的时间长度，兼顾竞技性和艺术性，前置的普及讲解有助于受众在短时间内迅速了解表演本身的专业元素，降低受众的观看门槛。

2. 通过视听媒介效果赋予节目更专业的观感体验

由于舞蹈类节目需要的视觉元素较为复杂，对画面角度、方位的考虑也较多，因此，节目组对此做了充分的准备。为了突出舞者的动作，制作组在圆形的舞台上搭建了360度全景相机系统，确保每一个方向皆能捕捉到优质素材，甚至通过互联网媒介技术，实现高光时刻的重现，也就是节目中设置的"暴风时刻"环节，让舞蹈动作的高潮部分有重放、慢放、多角度呈现的充足展现时间。

另外，"暴风时刻"还利用高科技的舞美设计，与时空动态捕捉技术相结合，用128台摄像机实现了不同视角的实时拍摄与录制，舞者任意时刻、任意角度的肢体动作都能够随时得到淋漓尽致的展现。这本质上是从技术角度对传统舞台时空进行了重塑与建构。

3. 嘉宾人设从流量到专业的转化

对于一档需要流量和热度的综艺节目而言，不论是垂直发展还是普及发展，明星嘉宾都是其中必不可少的重要元素。在《舞蹈风暴》中，设置了"风暴见证官"和"风暴伙伴"这两种角色，其中，"风暴见证官"由专业人士与流量明星构成，包括沈培艺、沈伟、扬扬、刘宪华、彭昱畅在内的嘉宾，代表了大众与专业人士之间的平衡人选，让舞蹈艺术能够通过不同领域的嘉宾得到不同角度的诠释，体现了这门艺术在进行大众化传播过程中的审美多元化。"风暴见证官"可以给出专业、精准、切中

要害的点评，让受众从看热闹走向看门道。在"花字"包装过程中，也会解释"风暴见证官"点评中的术语或给出专业小提示，给受众进行视觉和听觉并举的科普。一些诸如"当代芭蕾""黑池舞蹈节"等与舞蹈相关的知识点可以通过电视媒介得到广泛传播，进而进入大众视野，让高雅艺术有了同受众亲密接触的机会。同时，这也是对舞蹈艺术传播的一种全新的媒介化尝试。"风暴伙伴"角色则由何炅一人担任，这一角色具有赛场主持和第二现场主持以及场外记者多重角色合一的功能，不断以其独特的主观视角进行场景切换与评判，力图确保对不同舞者、不同类型的舞蹈艺术进行统一的客观评判，同时也利用自己的明星身份为节目增加了受众数量。

同传统舞蹈类综艺节目相比，《舞蹈风暴》对明星以及流量的依赖并不明显。这有别于大规模运用明星阵容、给受众看明星跳舞的节目制作理念。在依赖明星的节目中，即便明星的舞蹈技能不够优秀，也能够依靠自身的明星身份和娱乐属性吸引受众，导致节目难以凸显舞蹈这一核心元素。《舞蹈风暴》注重的是舞蹈技能本身，只有具备专业舞蹈技能的选手，才能够通过专业技能展现舞蹈艺术的魅力，在此基础上，节目才会考虑明星因素。

4. 小众题材的大众化传播

不论是从舞者选拔还是从专业诠释角度来看，《舞蹈风暴》都体现了垂直小众舞蹈表演类综艺节目的发展特色，但也应当看到，《舞蹈风暴》本质上是电视综艺节目，其本身所带有的综艺属性需要流量和娱乐，这样才能够利用电视和互联网等大众传播媒介平台进行广泛传播，因此，这一节目并不能与诸如"桃李杯"等纯粹的舞蹈大赛进行同质化呈现。为了使节目符合综艺节目的大众化与娱乐化精神，《舞蹈风暴》需要在舞者的选拔上关注其自身所具备的综艺娱乐元素，同时赋予人物一定的真人秀叙事环节，更需要利用电视媒介的拍摄手段，增强画面的视听美感，不断营造综艺节目的氛围。然而，从舞蹈专业的属性角度来看，这种做法却存在一定的弊端，例如为了叙事节奏所进行的画面剪辑，割裂了舞蹈的连贯动作，导致了对舞蹈表演的一种视觉侵入性破坏。

上述问题存在的同时，《舞蹈风暴》也的确成功地在大众传播平台中进行了广泛的媒介呈现。在严肃的艺术领域，通过综艺形式与传播媒介对舞蹈进行了广泛普及与引领，扩大了一些优秀舞者的知名度，同时也为节目赢得了良好的专业口碑，在为受众提供艺术作品的同时，也提升了其艺术审美经验与品位，真正意义上做到让专业舞蹈走进大众。通过《舞蹈风暴》的全景观舞台，优秀的舞者对舞蹈与自我进行全方位立体化展现，展现了高度的职业素养与专业水准，体现了舞者在传播舞蹈文化过程中的努力与担当。在全景观舞台的设置下，舞者和观众之间的共鸣点更多了，舞者的每一个高难度动作都能够被摄像机精准捕捉，意境与美感不断叠加，在技术上帮助节目更加贴近受众。

5. 对舞蹈文化传播使命的担当

《舞蹈风暴》同其他类型的小众垂直节目相比，没有专门聚焦于某个具体舞种，这主要是舞蹈本身的综艺化门槛过高，受众数量有限所致。在垂直发展的舞蹈表演类综艺节目制作理念中，主要存在两个思路：其一是聚焦于某个具体的舞种，同时不断破圈，达到从专业垂直到广泛普及传播的效果，如《这！就是街舞》《热血街舞团》这类街舞类舞蹈表演综艺节目；其二是在专业水准上不断提升，忽略舞种的划分，垂直的焦点在于舞蹈技能本身，这就是《舞蹈风暴》所采取的路线，尽管没有对舞种进行细分，但是舞蹈专业技能却把握得精准到位，一样实现了把专业舞蹈从小众领域推向大众市场的综艺节目效果。当然，节目在呈现的过程中暴露了判断标准不够统一等弊端，这也是该类节目在未来发展道路中需要引起重视的地方。

此外，舞蹈种类多元且易于综合的特点，有助于建立舞者与不同受众之间的交流。从舞者的角度来看，晋级选手不断组成组合，需要默契配合，共同完成艺术创作，这有助于专业领域顶尖人才的交流与碰撞。从受众的角度来看，在舞者互相磨合碰撞的过程中，体现出来的艺术追求、人文情怀颇具养成类真人秀的叙事功能，受众在观看的过程中，从观看者转变为舞蹈爱好者，甚至发烧友，欣赏品位得到提升，这也是《舞蹈风暴》在垂直类综艺属性外所承载的传播舞蹈艺术的使命和价值体现。这类专业性强的节目有可能成为未来同类综艺节目发展的主要趋势，因为它一方面打破了传统综艺节目对受众的一味迎合，另一方面从专业深度入手，强化节目的艺术性与专业性，引领受众了解并接受专业艺术，催生全新的同类型节目需求，达到精英与大众之间的动态平衡和相互促进，并能获得通过受众带来的有价值的收视率。

三、偶像养成类

音乐类综艺节目的亚类型偶像养成类节目，诞生于日韩练习生体系，最早传入我国的时间大致为2016年，在浙江卫视等联合出品的《燃烧吧少年》和东方卫视等联合出品的《加油！美少女》等一系列节目中均有养成类元素的出现。但不论是节目本身的制作水准还是播出后的影响力，都没有太突出的表现。直到2018年，爱奇艺和腾讯两大平台分别推出了《偶像练习生》和《创造101》，才将这一类型的节目成功地呈现在观众面前，通过养成选拔偶像团体，赢得了粉丝的广泛关注。这一垂直类型

第二章 音乐类综艺节目的类型划分

节目的诞生,在音乐综艺领域备受关注,其诞生的政策与市场背景、制作特色、节目本身的模式与生产运作机制,都能够体现出音乐类综艺节目在垂直发展过程中的重要艺术价值、商业价值与社会价值。

偶像养成类综艺节目是音乐类综艺的重点节目类型,对其需要进行多维度、立体化的分析。本书将从以下五个方面对其进行分析:偶像养成类节目诞生的政策及市场环境分析、偶像养成类节目的叙事精神强化、偶像养成类节目所不容忽视的精良制作与包装、通过节目设置和互动平台不断构建节目与受众之间的黏性、偶像养成类节目所面临的问题。

(一)偶像养成类节目诞生的政策及市场环境分析

1. 监管日益严格的政策环境

由于综艺节目发展速度迅猛,内容、数量、种类繁多,导致了同质化节目频出,不仅浪费资源,也出现了一些节目的精神导向与国家主流价值观念不符的情况。针对这一系列问题,在管理层面上,综艺节目的政策开始紧缩,这也成为偶像养成类节目在当前发展过程中,在政策上所面临的严峻问题。

首先,在内容制作领域,如何能够使节目本身符合政策导向的要求,符合国家文化大发展的方面,同时满足受众日益增长的审美诉求和文艺节目的内容需要,是包括偶像养成类音乐综艺节目在内的所有节目都需要考虑的宏观问题。一旦节目和政策或本土文化出现冲突,就会面临政策监管问题,出现节目无法播出,或者播出后立刻停播,甚至下架的风险。

其次,一系列政策在 2018 年颁布,这一年也是偶像养成类节目引起受众广泛关注的一年。2018 年 8 月,全国宣传思想工作会议在北京召开,习近平总书记要求"要引导广大文化文艺工作者深入生活、扎根人民,把提高质量作为文艺作品的生命线",并明确提出要"推出更多健康优质的网络文艺作品"①。同年 11 月,国家广播电视总局发布《关于进一步加强广播电视和网络视听文艺节目管理的通知》②,明确了"坚持同一标准、同一尺度,维护广播电视与网络视听节目的健康有序发展"的要求。上述举措明确体现了国家对综艺节目,尤其是互联网综艺节目的监管力度正在不断加强。

2. 日益复杂的市场环境

除严格的政策环境之外,偶像养成类节目所面临的市场环境也不容乐观。不论是整个综艺节目行业的生态,还是一些跟市场关联密切的产业或行为,如 IP 孵化、生产或话题炒作,都反映出偶像养成类综艺节目生态的复杂与混乱,与其存在产业生态不够完善、过度商业化而忽视艺术创作规律等问题。上述问题在音乐类综艺节目垂直化发展之前的阶段就已出现,例如湖南卫视主创的《超级女声》,节目"大火"之后与天娱传媒合作,虽然在最大程度内保证了选手的热度与曝光度,但是却忽视了大部分作品的质量,很多偶像级选手缺乏高质量的作品,自身 IP 和节目流于商业化表面,持久度不够,耗费了巨大的人力、物力资源。走向垂直化发展的小众音乐类选秀节目,尤其是偶像养成类节目,能够兼顾赛制、专业与真人秀元素,在一定程度上提升了节目的可看性,但也无法避免商业化所带来的弊端。就当前的节目及制作团队的发展情况来看,为追求市场效益而引发的不规范操

---

① 参见《习近平 2018 年 8 月 21 日至 22 日在全国宣传思想工作会议上的讲话》,见学习强国(https://www.xuexi.cn/lgpage/detail/index.html?id = 6747326931199278041&item_id = 6747326931199278041),2020 - 09 - 16。

② 《传媒》杂志编辑部:《盘点 2018·传媒业十大新政》,载《传媒》2019 年第 1 期,第 9 - 14 页。

作不断增加,例如经纪公司与个别选手之间因为合同条款不规范等问题,导致团队无法正常演出,打击了其他团队选手的积极性和破坏了节目效果。团队性质的偶像养成类节目需要重新审视自身的弊病,思索如何在兼顾市场效益的情况下,进行团队管理、内容创造等。这也充分说明,只有努力打造完善的生态产业链条,才是音乐类垂直节目,尤其是团队性质的偶像养成类节目成功发展并持续产出的最大保障。

(二)偶像养成类节目的叙事精神强化

对叙事精神的强化,是偶像养成类节目区别于其他垂直类型音乐综艺节目的最根本特质。这一强化实际上是植入了大量的真人秀元素,在赛制选拔选手的过程中,着重体现其培养过程,过程中的冲突、情感被适当放大,体现了节目对真人秀创作手法的熟练应用。这一特质不论是在《偶像练习生》还是在《创造101》中皆有充分的体现。也就是说,出道偶像本身的才华与才华养成过程中所体现出的人物精神面貌、人设,更值得此类节目进行深度挖掘与阐发。

例如,由爱奇艺出品、爱奇艺与北京鱼子酱文化传播有限责任公司联合制作的《偶像练习生》,对从国内外各大经纪公司中选拔的 100 位练习生进行为期四个月的封闭训练及录制,通过"公演"(即公开演出)与"全民制作人"(即节目观众)的互联网投票,选拔出 9 人,成立 NINE PERCENT 组合,进行为期一年半的团体活动与演出。这一形式使得偶像养成类节目获得了广泛的关注,点燃了受众的热情。此后,腾讯视频购买了韩国《创造101》的原版版权,进行本土化改造后,由黄子韬担任"女团发起人",进行女团养成选拔。在节目播出的过程中,甚至有一些成员还未出道就已经引起了观众热烈的讨论,包括

"杨超越现象"和"王菊现象"等热点话题，使该类节目屡次得到社会关注。

如何能够在选拔的赛制中体现出故事性，强化该类节目的真人秀元素看点，是偶像养成类节目成功的关键所在。完善的赛制会让故事发生在赛制本身之中，而不是抽离于赛制、进行刻意设计。其中，《偶像练习生》的取胜之道在于赛制养成所建构的充满逻辑的优质模式。在十二期节目中，每一期都有不同任务，通过发布任务、训练、舞台公演、公布排名、再次发布任务的循环来选拔偶像。在这一过程中，选手本人的成长、人物设定以及受众的喜好，都会成为其能否出道的关键。与传统赛制类节目不同的是，养成类节目观众的支持度十分重要，培养过程中的每一个环节都能够通过真人秀元素体现选手本人的个人魅力或不足。因此，有诸如观众支持排名第一的选手有优先选择曲目的权利这类的赛制设置。在台下训练的过程中，有"C位"（中心位）、leader（队长）、vocal（唱手）、dancer（舞者）、rapper（说唱）等角色或分组，选手们在一组组"无领导小组讨论"中展现各自的个性和彼此之间或融洽、或矛盾的关系，以触发受众的共鸣。而在公演环节，华丽的舞台与精美的视觉包装将选手的成果呈现出来，并在最后公布排名的高潮点让受众与选手之间产生共同成长、共同担当与共同命运的强烈共鸣。

（三）偶像养成类节目所不容忽视的精良制作与包装

偶像养成类节目同样不能忽视制作与包装水准。通过精良的制作与包装，将最后的舞台演出——同时也是该类节目最后的养成效果——完整地呈现给受众，才能最大程度引起受众的共鸣。对制作的重视，主要源于综艺节目影视制作的趋势与理念。在综艺节目中，舞美、后期所占据的比重越来越大，每一个环节都能在一定程度上影响节目最终的艺术效果和品质呈现，甚至视觉元素能够在一定程度上弥补节目内容或艺术审美不足等问题。

1. 舞美制作体现节目整体风格并赋予概念

《偶像练习生》和《创造101》两档节目中的舞美，都全方位体现了节目本体风格，并将概念与舞美效果相融合，强化了舞台美术在节目创作中的重要性。其中，《创造101》的"金字塔"舞美造型就在一定程度上强化了练习生的等级与攀登精神。（见图2-4）

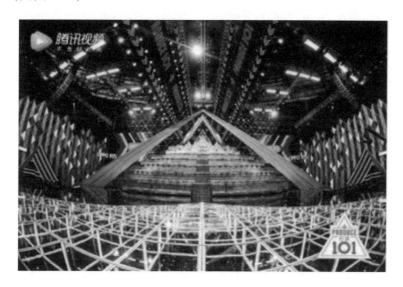

图 2-4 《创造101》的"金字塔"舞美

（图片来源：节目截图）

2. 包装与节目理念密不可分

偶像养成类节目的包装通常由片头、标志、人名条、节目条、唱词板、尾飞板几大部分组成，不论是配色还是元素，皆同节目理念、节目风格统一，整体形成较强黏性。

如前文提到的"金字塔"舞美造型体现了节目理念,《创造101》也将金字塔三角形运用到包装系统中,节目配色为粉色和青色的撞色组合,充满了青春活力与竞争精神。而在《偶像练习生》中,唱词板也经过了精心包装和制作,在兼顾美观和市场化的同时,凸显了节目风格,不论是选手的姓名还是所属公司的名称,这不仅仅是展示选手的个人信息,更蕴含了节目特有的文化元素、风格元素。(见图2-5)

图2-5 《偶像练习生》的色彩包装

(图片来源:节目截图)

综上,偶像养成类综艺节目在优质赛制和真人秀叙事的基础上,必须进行高质量的包装制作,才能够使节目获得最大化的传播效能。也就是说,在节目数量井喷式增长、节目内容呈现多元化的时代,对于受众而言,可选择的节目越来越多,综艺领域更是新作品频出、老作品不断,舞台表演加真人秀叙事几乎成为当前音乐类综艺节目最经典的呈现方式,好的内容与舞台、包装投入相结合才能产出兼具商业性与艺术性的高品质节目,才能在竞争的红海中突出重围。甚至在同类型节目中,在内容题材既定的前提下，更注重制作水平的节目的传播效果远远好于其同类。例如，将爱奇艺的《青春有你》和优酷出品的《以团之名》进行对比，就能够明显看出两者的差距。前者具有设计精良的舞台，后者的舞台则较为简陋，灯光比较单一，因而前者的收视也好于后者。（见图2-6）

图2-6 《青春有你》和《以团之名》的舞台对比

（图片来源：节目截图）

（四）通过节目设置和互动平台不断构建节目与受众之间的黏性

不论是《偶像练习生》、《创造101》、《以团之名》还是《青春有你》，都力图通过互联网媒介平台，充分建立节目自身IP与受众之间的黏性。这同此类节目本身重视受众的参与度密不可分，因为不论是竞技类节目，还是偶像养成类节目的最终决策环节，都需要受众通过自己的判断对其钟爱的选手进行投票，参与决策作用较强。受众甚至已经成为决定选手命运的关键群体，受众进行选择的互动不断渗透到节目的每个环节中，例如选手对歌曲的选择权利几乎完全由场外的受众决定，选手的搭档和伙伴，也与受众关联度很大，这些环节最终影响到整个比赛的结果。

上述情况导致以《偶像练习生》和《创造101》为代表的

偶像养成类节目十分重视节目与观众的互动，不断加强用户受众的黏性。例如，在《偶像练习生》节目中，嘉宾张艺兴配音阐释了投票说明书，呼吁观众能够为自己喜欢的选手投票，以此提高偶像与粉丝之间的黏性，甚至建立与粉丝之间的线上娱乐社区"爱奇艺泡泡圈"。同样的手法也在《创造101》中出现，腾讯视频为粉丝开通了"doki"频道，方便偶像与粉丝互动与交流，甚至在粉丝的二度传播中，越来越多人受到影响开始观看节目，《创造101》中的选手王菊就曾在场外观众的大力支持下，出现了"逆袭"的赛况。

在节目以外，利用媒介平台引发社交现象也是当前偶像养成类节目增强与受众之间黏性的重要手段。如上文例子中的王菊，她因自身所具备的个人魅力而"出圈"，又因其外形与传统意义上的偶像形象有很大出入而引发讨论，"王菊现象"一度成为互联网中的热议话题，引发了受众对偶像形象、女性形象的进一步思考。尽管她最后并没有进入女团，但其影响力远远超过很多女团中的成员。这能够充分体现出粉丝、用户在偶像养成类节目中的作用与影响力。

与此同时，大制作的偶像养成类节目耗片比[①]很大，很多素材十分精彩却因节目时长有限而无法播出。利用这些素材，节目开始制作碎片化的衍生节目，会员加长版、番外花絮等节目陆续出现，例如《偶像练习生》有衍生节目《练习生的凌晨零点》《偶像有新番》等，尽可能全方位地让受众了解练习生的日常，增加了受众与节目制作平台之间的黏性。如在腾讯的《创造101》中，很多用户因为想收看衍生节目而成为腾讯视频的会员。（见图2-7）

---

① 即消耗的胶片长度和拍摄成功的镜头长度之比。

第二章　音乐类综艺节目的类型划分

图 2-7　《创造101》的衍生节目

（图片来源：腾讯网《创造101》节目观看预告官网资料）

除上述衍生产品之外，节目方也会利用其他平台对节目本体进行推广，尤其在当前移动客户端大规模普及以及融合媒介日益发达的媒介背景下，短视频平台、社交平台皆存在无限的内容衍生创作和传播的可能性。《偶像练习生》和《创造101》都采取短视频的形式对每一位选手的舞台演出环节、练习环节进行有针对性的宣传，从而在社交媒体和短视频平台上吸引更多的受众。在微博平台上，每一位选手的微博前缀都进行了统一修改，呈现出"偶像练习生某某某"和"创造101某某某"的批量曝光的盛况。并且，伴随着节目进行，选手们会实时更新自己的微博动态，同时带上节目相关话题，继续增加节目的曝光量和热度。[①] 其他的合作App也对热门曲目进行实时更新，增加节目作品的影响力，与其他平台形成传播矩阵。

（五）偶像养成类节目所面临的问题

尽管偶像养成类节目的热度持续攀升，在艺术创作与营销领

---

① 黄傲彤：《浅析网络时代选秀综艺节目的策划——以〈创造101〉为例子》，载《电视指南》2018年第14期，第166页。

域都取得了亮眼的成绩，但也存在一些音乐类综艺节目的共性问题，如同质化现象严重、资源浪费以及选手资源枯竭等。

1. 同质化现象是偶像养成类节目不得不面对的弊端

爱奇艺出品的《偶像练习生》曾经被国际节目模式保护协会（FRAPA）在 2018 年戛纳电视节上点名批评，指出其与韩国 Mnet 制作的 Produce 101 非常相似，该协会称播放量达到 28 亿的《偶像练习生》刷新了世界纪录，成为史上抄袭之最，并对此表示震惊和惋惜。① 但爱奇艺节目方并不认同这种批评，并且进行了反驳，双方的辩论引发了对该类节目创新性的探讨。

不仅国内节目与国外节目之间存在模式同质化甚至抄袭的争议，国内各大平台之间也不断出现同类题材的节目，争抢偶像养成类节目的粉丝市场。如《偶像练习生》《创造 101》《以团之名》《青春有你》等就是在偶像养成类节目具有良好的市场效益与市场前景的背景下产生的同类型节目。这样的节目开发过度会造成资源浪费，也有可能会快速消耗用户的关注度，使用户对同类型节目产生审美疲劳，也使节目制作方丧失艺术原创动力。

2. 选手资源库枯竭

偶像养成类节目所需要的选手为素人，主要是希望出道的少男少女，然而，具备外貌、才华甚至成长话题热度的选手却十分有限。依靠报名以及海选征集的方式并没有成功缓解选手资源枯竭的压力，导演组也不得不想尽办法搜寻选手资源，发掘有潜力的素人进行孵化培养。能否寻找到优质的选手资源，甚至关系到

---

① 春生：《播放量 28 亿的〈偶像练习生〉成史上抄袭之最，爱奇艺丢人丢到戛纳了》，见搜狐网（https://www.sohu.com/a/227984244_100147104），2018 - 04 - 09。

节目本身的成败。选手资源库的衰竭造成了选秀节目无人可选的"为了成团而成团"的局面，影响了节目本身的专业性与艺术性。

第三章　音乐类综艺节目的特征呈现

音乐类综艺节目的特征在宏观上主要表现为节目内容包容性强和节目注重形式美感两个方面，对上述两个方面进行系统研究可发现，其在节目元素、内容、层次、视听等方面皆体现出与其他节目样式不同的风格面貌。

第一节　节目内容包容性强

日本指挥大师小泽征尔曾说："音乐是没有国界的语言。"音乐本身就具有极强的包容性，它种类丰富，能够满足不同年龄、不同性别的人的审美需求。作为一种情感表达的载体，音乐的感染力是让人无法忽视的，因此，与文学、舞蹈、戏剧等其他艺术形式相比，音乐有着更加普遍的群众基础，接受与欣赏门槛较低，更容易吸引普通观众。

音乐的包容性似乎是它的天然属性。上海音乐学院洛秦教授曾在《是我们作用着音乐　还是音乐作用着我们》一文中发出如下感叹："数千年前的今天，黑人、黄人、白人之间没有邮件往来，没有电话通信，没有电视宣传，更没有 E-mail 的同步传递，我们的祖先们各自在地球的东西南北'闭门造车'开创人类的文明。然而，让我们后人惊讶的是，他们竟然在东西两端几乎同时发现了'三分损益'和'五度相生'的法则，从而产生了一样的五声七音，用这五声七音各自在不同的文明里琢磨着不

第三章 音乐类综艺节目的特征呈现

同的音乐。"① 地理位置的遥远加上科学水平的局限,数千年前,世界各地确实难以建立联系,更别说形成彼此间的传播途径。但各自独立的发展却在音乐上实现了不谋而合。我国曾侯乙墓出土的大型编钟表明,在春秋时期我们就已经很熟练地掌握了十二律及旋宫转调,也说明西方的十二平均律进入了中国并被接受,外来音乐文化与我国的音乐实现了互通。② 洛秦教授还在文章中分享了一位朋友的来信,这位朋友在信中讲述了自己听完贝多芬的音乐后悲痛的心情。千百年前,人类创造音乐时就有了不约而同的一致性,音乐还有能够跨越时间与空间与你我产生互通的可能性。

同时,音乐语言本身的优势也促成了音乐的包容性。文学需要进行阅读与理解,对于有文字阅读障碍的人来说,欣赏与理解文学艺术是不小的挑战。音乐不同于文学,律动、节奏、调性等音乐元素往往对不同的人甚至所有人都有着相似的效果。比如,从音强上看,过高或过弱的声音会增加人的紧张感,适宜的声音能给人带来轻松舒适的体验;从速度上看,过快的速度往往让人觉得紧张甚至疲惫,而过慢的速度会令人的兴奋感下降甚至使人感到抑郁,适宜的速度则能够让情绪的抒发更加自然;从调式上来看,中国的宫调式与西方的大调式有着相似的演进趋向,带给人的情感体验也大同小异;在旋律的行进上,对偶排比结构、循环结构、变奏形式等在中西方往往有着共同的规律,符合不同人群相同的艺术审美心理。

随着社会生活不断发展变化,人与人之间、文化与文化之

---

① 洛秦:《是我们作用着音乐 还是音乐作用着我们》,载《民族艺术》1999年第2期,第19-24页。
② 冯晓婧:《论中国音乐民族性与兼容性的统一》,载《文艺争鸣》2018年第4期,第200-204页。

间、国家与国家之间的交流也在不断增加,音乐的包容性也随之不断加强,变得更加丰富多元。音乐类综艺节目以音乐为核心,让节目具有包容性成为可能。从《2019腾讯娱乐白皮书》中我们可以看到,近三年地方卫视综艺题材类型中,音乐类综艺节目一直占据收视率前三的席位,网络综艺节目更是在音乐类题材上持续发力。音乐类综艺节目不断更新换代,成为体量最大、变化最多的综艺类型之一。另外,随着经济与社会的发展,社会阶层文化之间的界限不再像以往一样清晰,艾伦·沃德在"Does taste still serve power? The fate of distinction in Britain"一文中指出:"随着经济的发展,文化趣味的边界正在变得模糊,更多的人成为杂食主义者。"[①] 观众的"杂食"倾向反过来激发了音乐类综艺节目制作者的创作思维,更广泛的声音来源、更多元的音乐体验才能为节目积攒更多的"社交货币"。说唱、摇滚、美声、民乐等拥有了更加肥沃的发展土壤,竞赛、推理、访谈等元素以"音乐+"的组合呈现出更加多元的视听成果。

综合来看,强大的节目包容性包括不同领域行业的多元混搭与文化内涵层次的多元混搭两方面。

一、不同领域多元混搭

尽管放缓了推进速度,但经济全球化已经成为不可逆转的现实,局限在一国或一地区的经济活动越来越少,世界各国、各地区之间的经济活动越来越频繁。在这样的背景下,国家间的交往不断深入,人类的探索实践范围不断扩大,文化间的交流也越来

---

① Alan Warde, Does taste still serve power? The fate of distinction in Britain. *Sociologica*, 2007 (3): 1 – 23.

第三章 音乐类综艺节目的特征呈现

越普遍。"过去那种地方的和民族的自给自足和闭关自守的状态,被各民族的各方面的互相往来和各方面的互相依赖所代替了,物质的生产是如此,精神的生产也是如此。"① 在这个过程中,世界性文化的介入可能会让某些传统的、民族的文化受到冲击甚至被改变,但是我们不能否认文化的个性,因为每一种文化都有其独一无二的特性与价值。因此,文化的多元化发展不仅是我们必须坚持的选择,也是经济全球化背景下应该达到的结果。

另外,我们可以看到,新媒体的发展也给文化的发展带来不小的影响。新媒体传播渠道的多样性和新媒体传播的互动性为文化艺术创作带来了挑战,也催生了很多新的产物。同时,新媒体传播的高效性让人们能够在很短的时间里接触到海量的信息。新媒体为人们带来了一种互动共享的生活方式,文化的类别、文化传播的途径和方式都得到极大的丰富,人们有了更多的选择。此外,阳春白雪的艺术作品也能够以更易被大众接受的方式走进日常生活,下里巴人的艺术作品能够通过再创作以更丰富的形式被重新解读,新媒体也发挥了引导人们审美行为的作用。在这样的情况下,人们的生活方式、思维方式都产生了极大的变化,审美也变得更加多元化。

多元化的文化发展和开放的审美心态给予音乐创作者更为自由的创作空间,创作主体和创作风格都更加的多元化。

越来越多的人加入音乐创作的队伍之中,无论是科班出身的音乐人还是普通的音乐爱好者,都更有条件也更有勇气展开音乐创作。在音乐类综艺节目《中国好歌曲》中,性别、年龄、职业均不是参赛者的限制条件,三季节目共有一百多位选手参加,

---

① 中央编译局:《马克思恩格斯全集》第1卷,人民出版社1972年版,第255页。

他们来自全国各地，甚至还有来自新西兰、新加坡等国的海外选手，许多活跃在各大音乐节却在大众关注焦点之外的创作歌手也在节目中现身。爱奇艺自制的《我是唱作人》中民谣歌手马頔与网络歌手隔壁老樊同台切磋，也让我们看到了音乐类综艺节目的包容性，节目中百家争鸣、百花齐放的氛围诠释了"音乐没有高低之分"的理念。有不少网友支持隔壁老樊，称他打破了自己对于网络歌手的成见。

当下的年轻人更加独立，同时也越来越开放包容，有越来越多这样的年轻人加入音乐类综艺节目当中，让节目更加前卫与多元。腾讯视频推出的 Color Vibes 就是一档定位为新一代年轻唱作人的音乐类综艺节目，节目中个性十足的唱作人们用音乐表达着自我以及他们眼中的世界，摇滚、说唱、电音、民谣……节目没有规则的设定和曲风的限制，给予这些年轻人充分展现自我、释放音乐个性、表达音乐态度的空间。

创作主体的丰富也带来了创作风格的多元，说唱、摇滚等元素更多地融入音乐类综艺节目中。在《中国好歌曲》的舞台上，我们可以看到流行、说唱、爵士、民谣等丰富的音乐类型，小众的音乐形式也得到了评委和观众的充分肯定与支持。同时，传统文化与民间文化也得到了被重新诠释的机会，提升了节目的多元性与包容性。被第一季《中国好歌曲》选为"年度好歌曲"的《卷珠帘》，其创作灵感虽然来源于一部具有北欧风情的凄美爱情动画片，但中国风的旋律和歌词传递出了同样的意境美，箫与琵琶等乐器的使用更是让哀婉凄切之感深入人心。第三季节目中，彝族歌手贾巴阿叁从大凉山生活的点滴中获得灵感，让彝族传统音乐被更多人听到。

中华文化博大精深，不仅滋养着我们拥有的兼容并包的开放心态，而且为我们的艺术创作提供着源源不断的素材。在当前多

第三章 音乐类综艺节目的特征呈现

元化的时代背景下,传统与现代的融合出现了前所未有的机遇,也在音乐类综艺节目中迸发出让人耳目一新的火花。

在东方卫视2015年打造的《中国之星》上,超女选秀出身的谭维维和首批国家级非物质文化遗产华阴老腔的艺人们合作演绎了一首《给你一点颜色》,征服了许多观众,这首歌不仅让谭维维获得当场比赛的冠军,而且在决赛中被中国录音学会授予"最火摇滚"的称号,充分体现了摇滚与民间传统艺术融合而产生的美妙"化学反应"。在2016年春节联欢晚会的舞台上,谭维维与华阴老腔艺人再次合作一首《华阴老腔一声喊》,让这种混搭得到了更加广泛的欣赏与认可。华阴老腔最早可以溯源至西汉时期,原是军事粮仓漕运时带头船工鼓舞士气、指挥大家统一行动的号子,后来演变成为皮影戏班的家族戏。中国民族民间文化传承保护工程专家委员会委员靳之林曾在观看华阴老腔后激动地说:"华阴老腔是中国戏曲的活化石。"[①] 2000年左右,华阴老腔从皮影戏中剥离出来,从幕后走向台前,与话剧《白鹿原》的合作让华阴老腔走出陕西,走进了全国观众的视野,之后,在电影版《白鹿原》中也有很长一段华阴老腔的表演。谭维维在机缘巧合下看到电影里华阴老腔的场景后深受触动,挖掘出华阴老腔和摇滚乐恰当的混搭之道,再融合自己独特的唱腔,最后在词、曲、主题等各个方面都实现了古朴与现代的精妙融合。

华阴老腔来源于生活,唱词通俗却包含朴素的道理,体现了劳动人民的智慧。《给你一点颜色》的歌词通俗易懂,够老腔也够摇滚。谭维维在歌词中融入了经典老腔的唱词,使老腔与新词完美对接,这种新与旧的融合碰撞让这首歌曲听起来粗犷浑厚又

---

① 参见《华阴老腔原生态艺术》,见中国非物质文化遗产网(http://www.ihchina.cn/Article/Index/detail? id = 11286),2020 - 09 - 16。

细腻感性。谭维维在采访中曾表示自己与创作团队并不是做嫁接,而是以华阴老腔这种民间艺术的风格为基础延伸出一个新的作品。在现代音乐创作中,一般很少重复使用 fa 和 si 这两个音,但华阴老腔却反其道而行之,这正是它独具特色的关键。《给你一点颜色》的编曲不仅保留了这两个关键音,而且借助老腔的主奏乐器胡琴把奔放豪迈之感挥洒得淋漓尽致,同时将华阴老腔即兴自由的节奏与摇滚乐的四四拍节奏创新地配合,形成独特的曲式特征。《给你一点颜色》通过艺术化的手法直击当下严峻的环境问题,延续了崔健原版的摇滚内核,用颜色向恶化的生态环境发问,老腔、摇滚和颜色形成了多元文化的和谐统一,就如崔健在谭维维表演结束后说的那样:"黄土"给"城市雾霾人口"带来了震撼。

　　五千年文明,三千年诗韵。古典诗词一直是我们的骄傲,也是许多艺术创作的灵感来源。《经典咏流传》将音乐与诗词相结合,"和诗以歌",让经典与流行相得益彰。古典诗词的魅力在于它能够经受时间的考验,不同年龄、不同境遇下读同一首诗词会产生不同的心境。音乐也有类似的魅力,不同时间、不同心情下听同一首音乐会勾起不同的回忆、产生差异化的联想。在韵律、节奏、结构等方面,两者也有着不谋而合的默契。相似的气质让音乐与诗词能够完美地融合出全新的艺术作品,继续给人以安慰和启发。在抗击新型冠状病毒肺炎这场全民战役中,我们可以看到这样一则报道:武汉市第一医院妇科副主任医师曹丽蓉,在感染后的第 14 天,用手机录下自己清唱的《岳阳楼记》给继

第三章　音乐类综艺节目的特征呈现

续奋战在一线的战友加油。① 她说在《经典咏流传》里听到这首歌曲后，觉得很符合特殊时期一线医护人员的心境。古与今的精神内核融会贯通，音乐和诗词的配合带给人更有温度、更有力量的精神支持。在 2020 年 8 月开播的《经典咏流传》第三季节目中，武汉协和医院的医护工作者们在舞台上唱起"岂曰无衣，与子同袍"，或许医护工作者们的歌声并不优美，但只有在战场并肩面对过挑战的人们，才能唱出这样无畏勇毅、生死与共的战友情。这首两千多年前的"战歌"带给观众的绝不仅仅是短暂的音乐享受，这样的歌曲和演唱包含着更多更为深刻的意义，让人铭记这场没有硝烟的战役，回忆起这段艰难岁月里发光的点点滴滴，更让人看到中华民族伟大的抗疫精神！

　　2015 年，我国启动了中国语言资源保护工程，爱奇艺创作团队积极响应，推出了将方言这一民间文化元素与音乐进行混搭的音乐类综艺节目《十三亿分贝》。节目旨在从文化传播的角度保护中国的语言资源，借助音乐的包容性将各具特色的方言进行记录与传承。节目以各地方言为演唱形式，倡导零门槛和全民参与，选手们可以进行原创、改编，也可以翻唱，"方言大师"汪涵与"音乐顽童"大张伟带领观众欣赏一场场中华方言歌唱大赏。节目中，一首花鼓戏版的 Rolling in the Deep 走红网络，"土洋"结合让人直呼"魔性"。花鼓戏通常是指湖南花鼓戏，以当地方言进行演唱，风格明快活泼，Rolling in the Deep 则是一首欧美流行歌曲。这首花鼓戏版的作品由科班出身的假声男高音歌手廖佳琳演唱，他回忆说，某天自己与家人用长沙话打完电话后，

---

① 王璇：《第一批感染的武汉医生唱〈岳阳楼记〉，听到这一句泪流满面……》，见中华网（https://3g.china.com/act/news/1007/20200130/37748640.html），2020 - 08 - 03。

忍不住哼唱起花鼓戏，发现跟电脑里正在播放的这首英文歌在旋律上如出一辙，于是有了这样的改编。他说这是"语言上一瞬间发生的碰撞"，却让我们感受到了音乐与文化碰撞的独特魅力。

花鼓戏基本上使用的是中华五声调式，以羽调式为主，旋律的展开通常以角音和羽音作为骨干音；戏曲本身的特点与方言音韵相辅相成，使得花鼓戏整体透露出活泼热情、明快诙谐的气质。① 廖佳琳的家乡是著名的花鼓戏《刘海砍樵》的发源地，他在改编时就从这部名剧中汲取了元素，围绕 mi 和 la 这两个骨干音铺陈旋律，*Rolling in the Deep* 这首歌本身 fa 和 si 较少，为改编提供了混搭接口，而保留下来的根音恰是花鼓戏的调式音，这就使得两首歌更加匹配，混搭成果更加和谐。诙谐俏皮的宁乡话和别具风味的湘式英语，加上廖佳琳专业度颇高的喜感演绎，让整首歌曲画风独特又迷人。之后，廖佳琳又尝试了花鼓戏版的 *Fantastic Baby*，同样让演出现场沸腾，他曾说："花鼓戏我是从小听着长大的，这是老祖宗留下给我们的东西，我们有责任继承并发扬它。"乐评人邓柯认为，在创作方言歌曲时，如果能够成功地对传统音乐元素进行流行化提炼，那么就会产生真正具有中国民族气质的流行音乐。②

二、文化内涵层次丰富

赫伯特·马尔库塞在其著作《单向度的人：发达工业社会

---

① 项心怡：《大众流行音乐的多元文化并置融合现象研究》，载《北方音乐》2020 年第 2 期，第 248-250 页。

② 费小丑：《花鼓戏版的〈Rolling in the deep〉刷屏，成功开启了方言音乐这个细分市场？》，见娱乐资本论（https://mp.weixin.qq.com/s/l2zABv3BIpWgh0crd80xKA），2020-08-03。

第三章 音乐类综艺节目的特征呈现

意识形态研究》中提出了"单向度的人"这一概念。他在书中指出了发达工业社会对人们心中否定性、批判性、超越性这几个向度的压制,造成了社会的单向度,生活在这样的社会中的人们也就成为单向度的人。① 概括来讲,单向度的人在精神层面缺少追求而只知道物质享受,他们服从于社会的种种而没有反抗或提出批评的能力与勇气,甚至对更好的生活都没有十足的想象力。而综艺节目文化内涵的单向度可以从两个角度来理解:一是横向上只有一个方向,服务于商业目的而不是艺术追求;二是纵向上只有一个深度,导致受众文化精神的缺失。音乐类综艺节目是很多人在学习工作之余进行放松休闲的首要选择,"人们通过吸收综艺、娱乐节目中所带来的愉悦欢快的情绪来获得暂时的轻松,并减缓现实生活中所带来的一些压力,找到一个感情宣泄的渠道"②。试想,如果音乐类综艺节目进入了单向度的怪圈,会对观众和社会造成多么严重的影响。音乐类综艺节目需要在满足观众合理需求的基础上,以合适的方式对观众进行正确的价值观引导,而音乐的包容性让音乐类综艺节目可以在音乐的基础之上结合多样的节目类型,让观众在轻松休闲的氛围中潜移默化地得到心灵的升华。

习近平总书记在 2014 年文艺工作座谈会上的重要讲话中提道:"艺术的最高境界就是让人动心,让人们的灵魂经受洗礼,让人们发现自然的美、生活的美、心灵的美。"③ 2016 年,在中国文联十大、中国作协九大开幕式上,习近平总书记又对广大文

---

① 参见马尔库塞著,刘继译:《单向度的人:发达工业社会意识形态研究》,上海译文出版社 2014 年版。
② 转引自郑莲:《浅谈音乐类综艺节目的价值观传播》,载《北方音乐》2016 年第 20 期,第 37 页。
③ 参见《习近平在文艺工作座谈会上讲话(全文)》,见人民网(http://culture.people.com.cn/n/2014/1015/c22219-25842812.html),2020-09-16。

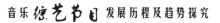

艺工作者提出了期望:"广大文艺工作者要把培育和弘扬社会主义核心价值观作为根本任务。"① 因此,一档优秀的综艺节目在追求商业价值的同时,更应该自觉认识到自身对文化建构的责任,传递社会的核心价值。音乐类综艺节目一直在不断发展,没有止步于对经济效益和艺术价值的追求,也肩负着将社会效应融入艺术创作中的使命。音乐之外的元素与音乐本身以恰当的方式结合之后,能够以音乐之名承载更多文化内涵,通过音乐讲述人的故事,传达正确的主流价值,体现人文关怀,记录时代精神。

早前家喻户晓的《同一首歌》《欢乐中国行》等节目,以歌会的形式为观众带来歌曲大联欢。每期节目都有鲜明的主题,一期节目中包含不同曲风的音乐,观众能够欣赏到丰富多样的艺术作品。同时,节目用不少篇幅来呈现地域文化和城市魅力,很好地突出了地方特色,借音乐之力对祖国各地的风貌进行了展示。这样的节目不仅让观众在茶余饭后拥有了不同的休闲体验,还拥有了足不出户的视听享受,更让爱国爱家的主题教育潜移默化地融入日常生活之中。这两档节目已经成为一代人难以忘却的记忆,承载着时代变迁和个人成长的故事。

确实,歌曲往往会成为一个时代的印记,歌手通过一首首歌曲带领观众重温对过往时代的回忆,赋予歌曲深远悠长的意义。四川卫视的《围炉音乐会》就是这样一档节目。"围炉"让人联想到一群人围坐在火炉旁的温馨画面,节目将这一概念捕捉并放大,用音乐 live(现场演奏音乐会)搭配真人秀,试图营造一种温暖、宁静的氛围。节目每期会为一位实力歌手举办专属的 live

---

① 参见《习近平:在中国文联十大、中国作协九大开幕式上的讲话》,见人民网(http://culture.people.com.cn/n1/2016/1130/c408542 - 28915501.html),2020 - 09 - 16。

第三章 音乐类综艺节目的特征呈现

演唱会,但是演唱会前期的筹备需要由歌手自己来完成,他们可以邀请自己的圈中好友来帮忙。

在经济效益的驱动下,确实有少部分音乐类综艺节目重心偏移,节目的音乐性被排在商业性、娱乐性之后。这类节目抛弃了音乐理想,走快餐化路线,或许能在短时间内聚集话题度、赢得不少投资,但是难以成为经典,更无法对观众产生精神导向的作用。使用与满足理论主张,受众对媒介产品的消费是有目的的,在于满足某些个人化的、经验化的需求,也就是说人们观看电视、电影或阅读报纸书籍等时,实际上是某些需求在不同程度地得到满足。[1] 作为综艺节目的中流砥柱,音乐类综艺节目如果一味地追求刺激紧张的环节、夸张猎奇的视觉而忽略了音乐本身,那如何保证音乐的艺术感染力与思考性呢?《围炉音乐会》用音乐加纪实的形式,主张"不竞技,不娱乐",给予歌手一个纯粹的演唱机会,也带给观众更纯粹的视听体验。live 的演唱方式更真实也更直接地让节目回归音乐,纪实拍摄则从多个角度记录了歌手邀请嘉宾、选曲、改编、筹办演唱会的点点滴滴,讲述歌曲背后的亲情、友情、爱情故事,传递出温暖与励志的力量。

浙江卫视《梦想的声音》也融合了真人秀的部分,并加入了素人选秀,但"圆梦"的主题给普通人提供了更大也更专业的舞台,把明星和素人之间的差异转化为热爱音乐的人之间畅快的交流。这里的"圆梦"包含着多层意义,第一层是实现普通人与专业导师面对面交流的梦想,让他们有机会向实力歌手请教;第二层是实现普通人的歌唱梦想,节目邀请顶尖制作人助力,优胜的选手可以参加万人演唱会或者制作出属于自己的原创

---

[1] 胡正荣、段鹏、张磊:《传播学总论》,清华大学出版社 2008 年版,第 235 页。

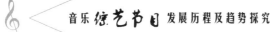

音乐；第三层是导师受观众委托，演唱他们心中最爱的歌曲，帮助平凡的委托人实现不平凡的音乐梦想。比如第二季中有一位特别的委托人向音乐导师林俊杰提出了委托，这位委托人是全国残疾人游泳锦标赛冠军，也是汶川地震中被埋地下超过50个小时的奇迹生还者，他就是代国宏。即使失去了双腿，代国宏在梦想的道路上也从未停歇，他不仅在事业上有所成就，更收获了美好的爱情。林俊杰受其委托带来一首深情的《爱你》，代国宏借此曲向妻子表达了爱与感激，观众也通过专业歌手对歌曲细腻的解读倾听到了不一样的故事，感受到爱的力量。普通人与明星携手圆梦，引起大家的广泛关注和热烈讨论，更能激发人们对美好生活的追求。节目收尾的巅峰歌会更是将公益理念贯穿其中，邀请志愿者队伍、残障人士和自闭症儿童与素人歌手共同享受演唱会的舞台，用音乐把距离拉近。

湖南卫视推出的《让世界听见》同样将音乐与公益相结合，汪峰和蔡国庆化身支教老师，走进大山深处，分别奔赴两所农村小学，陪伴孩子们生活与学习。他们要帮助孩子们组成合唱团进行声乐学习训练，还要完成登上意大利世界级合唱比赛舞台的挑战。歌手走下舞台用音乐与孩子交流，没有高高在上的授予，他们更多地扮演着倾听者和分享者的角色，俯下身去与孩子们产生真正的互动。我们可以看到孩子们一步步战胜自己心中的胆怯和害羞，用音乐表达隐藏在内心深处的对在外打工的父母的思念和对亲情的渴望，也可以看到孩子们通过音乐大胆梦想、勾勒未来的图景。而在这个过程中观众不仅能感受到梦想和音乐的力量，更有机会直面乡村教育的现状。节目借助音乐的根基，将人们的关注点引向乡村艺术教育的缺失，倡导更多的人为乡村教育、艺术教育贡献一份力量。没有悲情的叙事和卖惨的环节，也抛弃了物质给予这种简单的公益方式，《让世界听见》用音乐加公益传达出更加平等的价值观，使节目的文化价值得到提升。蔡国庆在采访中感叹道，这次支教，自己用音乐的方式救赎了孩子，而孩子也给予了自己心灵的救赎。

第二节　节目注重形式美感

艺术作品的内容和形式是不可分割的两个部分，艺术内容的表达离不开形式，而形式不仅表现内容，同时还是内容决定的产物，两者辩证统一。英国美学家克莱夫·贝尔提出艺术即有意味的形式，他认为在不同的艺术作品中，色彩与线条等元素以某种特殊的方式组成某种形式，或者形成某种形式间的关系，能够触发我们的审美行为与审美情感，这就是"有意味的形式"。[①] 有意味的形式能够吸引我们投入到艺术作品中，使审美对象发挥艺术功能，从而对作为审美主体的我们产生影响。贝尔认为"有意味的形式"是一切视觉艺术的共同性质。综艺节目作为一种视听艺术，包含了声音和画面两种重要元素，自然要在形式上多做文章，充分调动观众的视觉与听觉器官，以带来更好的审美体验。

音乐创作、音乐表演与音乐欣赏构成了音乐实践的三个环节，音乐需要通过表演这个中间环节把艺术作品呈现给观众，以实现其审美价值。音乐表演作为一个二度创作的中间环节，在音乐类综艺节目中既需要表演者本人的风格特色、技术技巧运用与情感解读，也需要多种手段和方式辅助展现更加丰富的内容，将

---

① 赵江海:《对克莱夫·贝尔有关"有意味的形式"论述的评价》，载《美与时代》2004 年第 12 期，第 9-10 页。

精神表现转化为物质表现，让音乐形象化作视、听、感相融合的生动的立体形象。音乐是时间艺术，与视听艺术一样需要通过一定的时间来表现；音乐也是相对流动的艺术，旋律、节奏、结构等让它呈现出多样的变化；音乐还是虚拟空间的三维艺术，声音的非具象性带来广阔的想象空间。音乐本身所表现出的这些艺术属性，为音乐类综艺节目的二度创作提供了丰富的创意空间与多样的可能性。在数字媒体技术不断发展更迭的背景下，音乐类综艺节目从以听觉为主向多感官体验发展，不断挖掘音乐的表现手段，注重形式美感，拓展了音乐的美学阐释空间。

节目的形式美感主要包括音乐本身美感的具体呈现、舞美对节目整体美感的提升以及科技力量对节目审美的助力三个层次。

一、音乐之美外化于形

当前，我们进入"读图时代"，图像语言甚至成为比文本语言更为重要的语言和思维方式。图像语言几乎没有门槛，图片与视频的直接易懂既能满足人们的休闲性需求，又能让人们在放松的状态下更好地理解与欣赏艺术内容。随着科学技术的发展，图像语言变得越来越容易创造，同时也越来越丰富。从声音语言到文字语言，信息的含量在增多，而图像语言所能包含的信息量更为丰富，视觉艺术的表现力让内容与意义的呈现更为多维。以视觉为载体，让音乐之美外化于形有更多的可能性。

视觉与听觉的关联性也有着心理学的基础。在心理学研究中，不同感官之间相互贯通联觉的现象是由人脑中的跨模态机制引起的。[1] 在文学作品中常常有这样通感式的描述，比如朱自清

---

[1] 梁晓晶：《音乐信息可视化研究》（博士学位论文），中国音乐学院2019年。

第三章 音乐类综艺节目的特征呈现

在《荷塘月色》中写到"塘中的月色并不均匀;但光与影有着和谐的旋律,如梵婀玲上奏着的名曲",光影的变换被形容为小提琴演奏的乐曲,视觉与听觉被打通,声音有了形象。心理学的大量研究表明,人的认知在不同感官之间会产生相互的影响。[①]随着科学技术的发展,越来越多的方式让不同感官之间的融合成为可能,而且这样的应用涉及生活中的许多方面。研究人员发现,观看者的视觉感知效果会在其面对具有视听交互的设计时得到增强,舞台灯光造型的变化能够引起观众对于音乐情绪的心理变化,比如在相同舞台、相同音乐的前提下,红色的灯光会让被测试者对音乐产生偏兴奋的印象,而蓝色的灯光则会更多地让被测试者对音乐产生平静的印象。

因此,无论是出于对音乐作品更全面、更深入地解读与传达,还是基于对节目收视和传播效果的考虑,音乐类综艺节目都应该注重形式美感。越来越多的音乐类综艺节目也确实在音乐的视觉呈现上进行着丰富多样的尝试,让这类综艺节目能够在较长时间内保持高质量的舞台呈现,为观众带来充满惊喜的视听体验。

湖南卫视推出的《幻乐之城》以音乐加电影的方式对音乐的具象化进行了创新性的探索,导演和演员共同进行创意设计,最终以一镜到底的方式呈现作品。与其他音乐类综艺节目相比,《幻乐之城》对视觉载体的多样性进行了自觉探索。音乐是情感抒发的有力工具,影像也能成为情感宣泄的出口,节目采用将主观感受客体化的方式,用音乐故事短片将内化的情感外化为具体的情节和有代表性的道具,更能引起观众的共鸣。该节目由洪涛担任监制,资深音乐人梁翘柏担任音乐总监,百老汇音乐剧团队

---

① 梁晓晶:《音乐信息可视化研究》(博士学位论文),中国音乐学院 2019 年。

全程助阵，每一段几分钟的幻乐故事，背后是专业制作人与团队的精心设计与反复打磨。节目组邀请专业的导演进行创意设计，从镜头的调度、场景的切换到灯光音效的设计都力求精准，加上由专业音乐团队实时演唱的现场伴奏，节目组为观众搭建起一个又一个精美梦幻的幻乐时空，电影般的画面与场景让观众在音乐的世界里充分享受着艺术的美妙。窦靖童与导演麦子合作的《幻月》，运用多屏互动，将游戏界面作为故事的起点，圆形的通道、狭长的走廊都让游戏中的重启与穿越感更加具象化，配合猴子捞月的现代舞式表达，为观众展现了一个年轻人不断经历迷茫与挫折却又不断寻找自我的心路历程。这档节目将音乐、电影和 live 结合起来，精美、精准、精巧的视听配合让人获得前所未有的审美体验。

  道具是舞台呈现中十分重要的一个部分，它们源于生活，又因艺术创作而具有一定的夸张性。选用合理的舞台道具能够更好地提升音乐作品的表现力与形式美感，烘托演出的氛围，让演唱者更好地沉浸在歌曲所创造的世界中，从而对作品进行更加到位的诠释。同时，道具也能给观众带来视觉的补充，让音乐作品蕴含的情感有物可依，让观众拥有更好的视听享受，也帮助观众在官能之上获得更多样的联想空间。《中国好歌曲》第二季的总决赛中，苏运莹与田馥甄演唱了苏运莹为表达自我心声而创作的《野子》。节目中，舞台中央停靠着一艘巨大的白船，地面白色的烟雾弥漫到舞台深处，背景的屏幕显示着涌动的天空与大海，白船仿佛正在行驶一般，一袭白衣的歌手站在船头开始演唱。这样意象化的舞台充满了艺术设计的美感，让舞台在视觉上变得更开阔、更有生命力，同时也将歌手内心的海洋外化为实在的景象。总决赛时再唱自己原创的这首歌，对于歌手来说已经有了不一样的意义，海上屹立的白船就好像歌手内心的力量之源，让她

第三章　音乐类综艺节目的特征呈现

在面对挑战与困难时能够乘风破浪。歌曲进行到高潮时，白船上缓缓升起了巨大的白帆，歌手唱道："吹啊吹啊我的骄傲放纵，吹啊吹不毁我纯净花园，任风吹任它乱，毁不灭是我尽头的展望。"强烈的节奏和被风吹动的白帆，船头的演唱者好像站在了风口浪尖，具象化地表现出了生命中遇到的困难与挫折，观众能够根据自己的生活经验产生联想，接收到歌词传达出来的力量，点燃乘风破浪的勇气。这个舞台中的道具所营造出来的音乐环境让歌曲想要表达的思想被观众成功捕捉，并能让观众产生强烈的心理共鸣。容祖儿在《中国音乐公告牌》的舞台上演唱《长大》时，一个翻开的书形道具成为歌曲舞台呈现的重要内容。书的元素与歌曲所在专辑《答案之书》的名称相契合，道具书中被掀起的一页不仅增强了舞台的空间立体感，而且巧妙地成为投影的幕布，根据歌词的递进，幕布上投影的剪影从小女孩渐渐变成大人，容祖儿也时不时与剪影进行互动。歌曲的主题和容祖儿想要传达给大家的成长心境都通过这样的道具具象化地表露在观众面前。

德国建筑大师路德维希·密斯·凡德罗提出了"少即是多"（less is more）的设计理念，这样一句富有哲理意味的话用在艺术创作中也能产生让人耳目一新的效果。在 Color Vibes 节目中，"专注音乐"是节目最大的诉求，因此，在抛弃烦琐的竞赛规则后，节目也抛弃了复杂的舞台设计，运用了盒子装置。（见图3-1）美国艺术批评家安东尼·强森是如此评价装置艺术的："装置艺术家创造一个另外的世界，它是一个自我的宇宙，既陌生，又似曾相识。"[①] 可见，装置艺术是一门表达思想与观念的艺术，在一定的时空环境里，它能够成为人与人、人与物以及人

[①] H. W. Jason & A. F. Janson, *Janson's History of Art*, Prentice Hall, 1997: 924.

与环境之间对话的中介。节目中的盒子就是这样一种包含精神文化意蕴的艺术形式。盒子装置让音乐和音乐背后唱作人的心境以图像化、色彩化的方式呈现出来。节目中的盒子装置以美国装置艺术家詹姆斯·特瑞尔和灯光艺术家丹·弗莱文的作品为灵感。前者擅于利用光和空间,后者擅长利用荧光灯管制造画面感,充满了极简主义风格。根据唱作人个人的特点与歌曲的不同风格,盒子装置里的色彩与灯光会产生相应的变化,大片的纯色背景与跳跃的色彩线条营造出个性又时尚的气质,给观众带来简约却富有冲击力的视觉感受。同时,盒子所营造的一个相对封闭的空间,就像录音室一样能给唱作人带来更多的安全感,让他们在演唱时能够快速地酝酿情绪,更加专注于音乐。

图 3-1 *Color Vibes* 的盒子舞台

(图片来源:节目截图)

二、精致舞美提升美感

在音乐类综艺节目中,要想打动观众,一定要有富有情感的表达。相较于音乐唱片或数字音乐,音乐类综艺节目提供的音乐传播平台有着更加广阔的表达空间。节目中的舞美设计作为音乐舞台表达的一个方面,随着技术的发展与应用,不断探索着对音

第三章 音乐类综艺节目的特征呈现

乐的多元化表达。

　　舞台的设计能够带给观众对节目最直接的视觉感受，充满设计和巧思的舞台也能够给音乐表演者提供更多的发挥空间，激发他们即兴创作的灵感。爱奇艺出品的《乐队的夏天》把风格迥异的乐队聚集到一起，与其说是要进行乐队间的竞技比拼，倒不如说是搭建了一个乐队间对话的平台，让不同时代、不同地域、不同风格的乐队进行音乐上的碰撞。节目中创造性地设置了双舞台，观众席不设座位，让节目中的演出更加具有 live house（小型现场演出的场所）和音乐节的现场感和自由感，乐队和观众都能更加尽情地投入到音乐和情绪的释放当中，也更加突出了乐队交流的气氛。

　　《即刻电音》是腾讯推出的一档主打电子音乐圈层的音乐类综艺节目。"即刻"，表达出电音制作人和年轻一代需要释放才华与情绪，一刻也不能再拖延的状态。在这样的背景下，节目的舞台设计独具一格，把中国传统的国学思维与电音的特点相结合，配合节目的赛程呈现出破、变、历、燃四个不同阶段的舞台。第一个舞台就极为震撼，12米高的大卫头像立在主舞台中央，脸部却被分割开来，不破不立的设计理念以极大胆的方式传达出来，对称的分割带来重塑结构的美感。（见图3-2）第二个舞台以魔方为灵感，透明的屏幕构造出三阶魔方，代表旋转与变化多种多样的可能性；钢架建筑围合在四周，表现现实世界，与透明屏幕构建的神秘虚拟空间相互对比，带来不一样的美感；九宫格的组合充满对称与平衡之美，每一格都像是属于电音音乐人的专属天地。设计师希望展现年轻人求变求新、创造无限可能的巨大潜力，也引发人们深刻的思考。（见图3-3）第三个舞台灵感来源于沙漏，沙漏的形状让中部的主舞台位于视野的中心，上方屏幕逐渐收缩的态势与下方屏幕金字塔般的升高，都让观众的

音乐综艺节目 发展历程及趋势探究

图 3-2 《即刻电音》第一阶段舞台设计图
（图片来源：节目截图）

图 3-3 《即刻电音》第二阶段舞台设计图
（图片来源：节目截图）

视野更加集中在电音人的表演舞台，象征着经历重重考验的电音人拥有站在 C 位的机会与潜力。（见图 3-4）第四个舞台是最后的舞台，以意象化的龙为主题，环绕上升的曲线充满了空间感，每一位参赛选手的名字都以雕刻的形式显示在螺旋上升的屏幕上，整体极具中国风与未来感。龙的元素和向上的姿态，传达出节目热血磅礴的气势。（见图 3-5）

图 3-4 《即刻电音》第三阶段舞台设计图
（图片来源：节目截图）

图 3-5 《即刻电音》第四阶段舞台设计图
（图片来源：节目截图）

第三章　音乐类综艺节目的特征呈现

　　合理运用舞台美术中的屏幕，不仅能让音乐旋律与视觉内容相呼应，而且对渲染演唱的氛围、营造歌曲的意境都有着十分重要的作用，也能够在更大程度上加强节目对音乐情感表达的传递能力。《即刻电音》节目的舞台设计将电子屏运用到极致，充满了科技感、潮流感和创造力。节目中用四大色彩将 80 多种电子音乐风格划分为四大类：高调酷炫的荧光绿代表着电子舞曲；都市风格独特，自成一派，与神秘感十足又朦胧低调的紫色相呼应；对比强烈又直接的红白黑与极简科技舞曲相契合；梦幻又迷人的粉色对应迷幻又充满浪漫的蒸汽波风格。[①] 色彩同音乐一样，能够表达并宣泄情绪。节目借助数字媒体艺术，在电子屏幕上进行奇幻的视觉呈现，配合不同风格的电子音乐，显现出年轻音乐人大胆无畏、"能玩会造"的独特气质，形成特立独行的视觉影音风格，如节目名称一样，能够让观众即刻感受到电子音乐的魅力，体会到情绪释放的快感。

　　减少电子屏幕的使用，将舞台的设计交给灯光主导，则能够更好地突出歌手这个主体，以免分散观众对音乐的注意力。《歌手》在舞美设计中放弃了 LED 大屏幕，舞台场景和画面色彩都由灯光来完成。根据歌曲的歌词、风格和情感，以及歌手演出时的服装造型，灯光的运动与变化会做出相应的设计与安排，灯光恰到好处的运动不仅能够与歌曲节奏的变化相对应，而且能够烘托演出的氛围，将情绪点燃，更能营造出更高级更纯粹的视觉效果。节目中运用束型光源打造舞台效果，深浅的线条增加了画面的纵深感，歌手的轮廓由白色束状光勾勒出来，让画面的层次变

---

　　① 周琦：《对话视觉艺术家毛婷：从〈即刻电音〉美术视觉到潮流服饰，设计没有边界》，见三声（https://mp.weixin.qq.com/s/brsxebwsdsHupToei6JUaQ），2020-09-16。

得更加丰富。灯光效果的设计组合让节目的画面更加具有电影感，不仅为音乐作品的演绎提供了华丽又有内涵的舞台，而且为观众带来盛大的视听享受。在《起风了》的舞台中，开场背景是淡紫色的圆形点状光源，颇像一朵饱满的蒲公英，配合吴青峰清澈的嗓音，仿佛一位音乐精灵带着光环降临；舞台上方倾泻而下的蓝色束状光，清冷却与歌手的声线十分契合，蓝紫色搭配出的朦胧低沉之感与歌曲讲述过往回忆的部分相呼应，表达出让过往如云烟一般随风而去的情绪；在歌曲高潮部分，蓝色光束被金色光束占据，仿佛雨过天晴、乌云散去的天空，很好地用视觉形象传达出歌曲关于勇气与力量、自信与积极的主题。如歌名一样，流动的光线仿佛被风吹拂的水面，波光粼粼，温柔细腻，舞台成为一个光影交织的美妙世界。光源阵列的组合变化与光强的加深减淡，与舒缓细腻的曲风相映成趣，观众获得了纯净美好的视听体验，通过视觉与听觉触发了新的想象空间。

在运用灯光设计舞台之外，《歌手》还借助字幕的文本设计让音乐作品的呈现更加具有形式美感。节目组对每首歌曲的歌名都进行了专属的设计，让艺术化的文字与不同演唱者的风格和舞台造型相配合，同时，文本的字体、颜色、效果也与歌曲的调性和风格一致。

节目中齐豫演唱的 *Memory*，是她当年第一张英语专辑中的选曲，对于她来说有着十分重要的意义，也包含着她关于年轻时登台表演的记忆。节目中歌名的呈现运用了浅紫色的花体字，与齐豫当场的服装造型风格一致、颜色匹配，温柔的紫色也与记忆的主题十分契合，而柔美又不失俏皮的字体透露出一丝少女感。（见图3-6）与演唱前齐豫的真人秀部分相结合，这样的歌名文本设计提前将观众带入到歌曲的情境当中。同时，精美的设计让画面仿佛一张专辑的封面，移动端的观众能够通过截屏获取一份触动自己的"记忆"。同一期节目中，刘欢用歌曲表达对妻子的爱意，这时歌名的设计就更加沉稳内敛，同他本人的气质相符合；字体简洁大方，符合中国人含蓄却深沉的表达爱意的方式，文本暗调的颜色发出金色的光，让观众对歌曲背后刘欢与妻子的爱情故事感触更深，体会到跨越时间的爱情愈发的珍贵。（见图 3-7）

图 3-6　齐豫演唱 Memory
（图片来源：节目截图）

图 3-7　刘欢演唱《璐璐》
（图片来源：节目截图）

三、科技助力视觉呈现

科学技术的发展对综艺节目的更新换代产生了不小的影响，一方面，移动互联网技术的快速发展和智能手机、平板电脑等便携移动终端的普及，让综艺节目的传播范围更加广泛，与观众间的实时互动性也越来越强；另一方面，3D 投影技术、虚拟现实技术（VR）、现实增强技术（AR）等多媒体技术让综艺节目的内容与形式都变得更加丰富。作为综艺节目市场中数量多、受众广的节目类型之一，音乐类综艺节目一直走在革新变旧的队伍前列，与各种高科技手段不期而遇却能相得益彰。尤其在形式表现上，将科技手段应用于视觉呈现之中，复杂的代码与工程变成了美轮美奂的视觉艺术，音乐的内涵与力量又通过演绎与舞台呈现的配合，鲜活地传达给观众。科技手段既能帮助音乐作品的表演者向观众解码，又能在二次创作中进行全新的编码，最后带给观众丰富的情感体验和无限的想象空间。

在《幻乐之城》的舞台上，唱演人马思纯与幻乐导演李明文搭档合作的《录像带》，用歌曲《氧气》和《为爱痴狂》讲述了一个悲伤的爱情故事。魏大勋饰演马思纯已故的男友，唱演中运用了实时绿幕抠像技术，观众在实时画面中看到的是若隐若现的男主角的身影。之后，马思纯与魏大勋之间虚实变换的互动，让人体会到生死相隔是真正的离别，一段刻骨铭心的爱情故事被淋漓尽致地展现出来，让观众感动不已。技术也可以让不可能变为可能，同一期节目中，在韩雪的唱演中运用了全息投影技术，讲述一个相爱穿越千年的故事。全息投影技术将事先录制好的影像片段，在演出时配合舞台灯光和成像手段播放出来，观众可以看到极具真实感的三维立体图像，让跨时空和分身成为可能。在全息投影技术的帮助下，不同朝代、不同场景、不同人物的故事片段轮番上演，既生动地展现了时间的流逝和韩雪饰演的女主角穿越千年的坚守，也与歌曲《焚心以火》的歌词和主题都达到了绝妙的配合。全息影像的运用对歌曲的呈现提供了极大的帮助，也带来了全新的令人震撼的审美体验。《经典咏流传》的舞台也通过全息投影技术带来了诗情画意，全息投影技术让王佩瑜演唱《但愿人长久》时身处琼楼玉宇之中，并打破了不同次元的界限，让虚拟歌手洛天依身着古装同时登台，这场演出无论是在内容还是在形式上都真正实现了传统与现代的美妙结合。

全息投影技术让三维立体图像"凭空产生"，而不同的投影载体能够带来多种多样的视觉效果。在《中国音乐公告牌》的舞台上，我们可以看到纱幕、雾幕、雨丝幕等多种介质下的视频映射，极大地增强了节目的艺术性与欣赏性。钱正昊演唱的

第三章　音乐类综艺节目的特征呈现

《触摸未来》描绘了一个少年天马行空的自我世界以及相信未来、直面未来的勇气，正如歌曲的英文名 *Rise* 一样，表达了未来值得期待的积极情感。在《中国音乐公告牌》的舞台上，环形纱幕将钱正昊围在中间，星空般的投影让他仿佛置身在自己的小宇宙中；透过纱幕，身着白衣的歌手看起来散发着朦胧的光晕，梦幻又自我；当歌词唱到"时间空间已交错"时，纱幕上歌手的实时投影与歌手本人相互交叠，紧接着一句"till we rise"随着纱幕的骤然落下而唱出，歌手清晰地出现在观众面前，如歌词所唱一般，一个少年冉冉升起。（见图3-8）同节目中，张艺兴《梦不落雨林》的舞台将石像雕塑道具作为投影载体，运用了3D投影（3D mapping）技术，让雕像"活"了起来。3D投影技术能够让动画与物体融合在一起，产生强烈的视觉冲击力。

图3-8　《触摸未来》中纱幕落下

（图片来源：节目截图）

雾幕是利用超声波技术将自来水雾化为大量的人工雾气，并因空气流动而形成的。它与固态介质的投影载体相比，更加具有流动性和动态感。在《中国音乐公告牌》节目中，邓紫棋演唱《那一夜》的舞台就利用雾幕打造了一个神秘多变的暗夜世界。色彩与明暗不断变换的灯光与流动着的雾气结合在一起，形成或似火焰或似激流的虚拟动态图像，上演了一场"冰与火之歌"。

113

雨丝幕由许许多多特制的细丝构成，像下垂的帘子一般，本身就具有十足的线条感和立体感。同节目中，胡彦斌《我不确定》的舞台对雨丝幕进行了多样运用，将7层雨丝幕交叠布置，错层的设计不仅让投影效果更加具有空间感，而且使舞台的调度更加丰富。（见图3-9、图3-10）舞蹈演员穿梭于不同层次的雨丝幕之间，造成像素风和朦胧感的效果，与歌名相呼应。

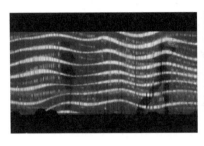 

图3-9　雨丝幕后的舞蹈演员　　图3-10　错层安排丰富镜头调度
（图片来源：节目截图）　　　　（图片来源：节目截图）

科学技术的发展也让舞台的硬件设备不断换代升级。浙江卫视《梦想的声音》创造性地采用了LED半球屏，代表着音乐星球，当选手出场时，半球屏缓缓旋转升起，就像一只睁开的眼睛；6台机械臂连接1米宽、2米长的LED屏幕，接收电脑发出的指令，根据舞台情况，组成音阶桥，让选手通过音阶桥到达舞台的中心。这样的设计打造出一条"音乐之路"，让每位选手更加有仪式感地走上舞台，进行音乐表演。

受新型冠状病毒肺炎疫情影响，很多综艺节目都开始运用云录制，用远程连线的方式进行互动。虎牙直播推出的《新声营业中》则以直播偶像综艺搭配虚拟技术的新颖方式，为观众带来偶像们高质量的表演。节目中设置了多个环节，但舞台表演占大多数。直播的方式对偶像们的歌唱能力提出了更高的要求，但

第三章　音乐类综艺节目的特征呈现

直播的方式相对轻松，简单的物理空间也让偶像们仿佛身处练习室，一举一动都更加真实。同时，与偶像的互动能够让屏幕前的粉丝感受到更加真实纯粹的音乐舞台。节目除采用直播的方式外，还使用全程绿幕录制并实时合成，以呈现出多种多样的虚拟场景，配合偶像们的演唱与舞蹈表演，用技术添加不同的元素，为观众带来充满科技感的沉浸式表演。在特殊时期，这样的方式比单纯的视频连线拥有更大的表现空间，也更能保证节目的视觉美感。

第四章　音乐类综艺节目面临的问题

自综艺节目在中国出现以来，音乐元素的使用便一直存在。从最初综艺节目中的某一表演形式到专门的歌唱竞技类节目再到如今成为电视与互联网平台最常见的综艺类型，音乐是我国最具有群众基础的一种艺术样式。这类节目因出现时期较早、发展时间较久，在一定程度上存在思路固化的问题，很多时候难以突破原有节目类型与创作方式的束缚；对节目原有的受众群体和新兴年轻群体的把控也容易失衡，易出现与时代脱轨的问题。音乐类综艺节目发展至今，已经将传统的模式与技法使用得差不多了，如何能够摆脱瓶颈、推陈出新，将节目的创作内容与形式、制作流程与传播进行融合与提升，成为所有音乐类综艺节目不得不面对的问题。本章将从音乐类综艺节目的策划内容、音乐类综艺节目的制作流程、音乐类综艺节目的呈现形式、音乐类综艺节目的传播四个方面入手，分析这一节目类型当前在制作、传播过程中的困境。

第一节　音乐类综艺节目的策划内容

策划是一档综艺节目的核心。如果前期策划内容存在漏洞，方向出现偏差，那么无论后期如何补救，节目本身仍会存在本质问题。策划内容涉及节目的模式、主题、题材、人物设置、歌曲选择等方面，对于音乐类综艺这样已经具有成熟制作经验的节目类型来说，在起初的策划阶段面临的问题往往表现为创新乏力、难以与时俱进，无法精准定位年轻受众的审美品味等。

一、模式同质化

如果说策划是综艺节目的核心，那模式便是策划的骨骼，支撑着完整节目的正常运作，是综艺节目中最具有创新性、普遍意义和商业价值的部分。法国戛纳每年都会举办两次电视综艺模式创意大会，每个国家都会挑选本国最强的创意参与竞选评比。这样的综艺模式比赛在各个国家、各个媒体平台之中都不少。湖南卫视的"飙计划"、浙江卫视的中国蓝·亚洲原创电视模式大赛、腾讯视频的校园综艺大赛等鼓励模式创新的比赛陆续出现，我国对节目模式的重视也随着世界的潮流不断提高。尽管模式创新已经成为共识，但实际操作仍然"心有余而力不足"，对于音乐类综艺这一发展成熟的节目类型来说更是如此。节目模式的同质化主要包括类型与规则相似、地点与情境封闭两个方面。

（一）类型与规则相似

纵观音乐类综艺的发展历程，尤其是从2012年的浙江卫视《中国好声音》开始，音乐类综艺的细分类型之中最常被使用的就是竞技形式。诸如湖南卫视《中国最强音》、浙江卫视《中国好歌曲》《梦想的声音》，再到近些年网络视频平台的新潮节目，如腾讯视频《即刻电音》、优酷《一起乐队吧》等，业界普遍认为将音乐与竞技进行结合是最为保险且效果最好的方式。尽管二者的结合天然适配，竞技形式的确能够在音乐内容的基础上增加观感与节奏的刺激性，但过多的音乐比赛仍然会让观众产生审美疲劳，也不利于推动音乐类综艺模式或类型的自身发展。

在音乐竞技类节目中，赛制普遍为导师战队赛，参赛选手为素人，导师选择素人组成自己的阵营，在阵营外或阵营内部进行PK（对决），赛程基本上以淘汰赛、半决赛、突围赛或复活赛、总决赛为基础。这种单淘汰赛几乎成为素人音乐竞技类节目的标配。从单一节目角度出发，单淘汰赛可能是当下的最优选择，但长此以往，无论是竞赛环节还是整季节目的节奏设计都迟迟得不到突破。

尽管部分节目制作团队正在有意识地进行赛制差异化，但绝大部分仍然墨守成规，按照经验进行不出错的设计；或是在某一环节或主题方面进行适当的改造或移植，例如削弱导师的作用、调整环节的前后顺序等。类型与规则的创新是模式的关键要素，如《中国好声音》的荷兰原版节目 The Voice of Holland 开创了"盲选"这一风靡全球、创造了版权引进奇迹的模式，中国的节目制作团队也应该抱有如此的雄心壮志，在类型与赛制上多做努力。

（二）地点与情境封闭

无论是竞演比赛形式还是纯演唱展示，绝大多数的音乐类综艺都集中于在演播室内进行录制。这种录制方式相对节省了时间和成本，同时也更方便协调艺人、嘉宾以及观众的日程安排，节目组内部的分工与实际工作内容也能够较为稳定与高效。各个节目制作团队都尝试使用外拍视频或形态各异、夺人眼球的舞美，但无论演播室占地面积有多大、舞台装置科技含量有多高，不可否认的是，总体模式创作依旧局限于在演播室内表演。

音乐真的只能局限于或者说只适用于一方天地之间吗？中世纪的吟游诗人（gleeman）一生四海为家，游走在世界各地，吟唱他们的所见、所听、所闻、所感。诗歌、音乐即语言。吟游诗

第四章　音乐类综艺节目面临的问题

人从不强行将观点输出,而是在合适的地点、恰当的情境面对着有心倾听的人,以歌咏志、以歌抒怀,所到之处皆舞台。在这一点上,韩国 JTBC 电视台音乐类综艺 *Begin Again* 也能够给予中国节目制作团队一些启示。*Begin Again* 让在韩国已经家喻户晓的音乐人走下舞台,走进国外与国内的大街小巷,在最为生活化的场景之中用歌声讲述故事、抚慰人心。彼时的音乐表演拓宽了边界,不仅仅作为演播室中观众和评委欣赏的东西,城市、自然环境甚至聆听者发出的声音都可以成为音乐的一部分,这些或自然而然、或偶然随机、或兴致勃勃的音乐元素能够为节目模式的创作增加更丰富的空间。与其纠结于如何用更丰富多样、与众不同的元素填满封闭空间,不如打开眼界,将音乐的创作、展示、竞赛搬到无垠的舞台。音乐类综艺发展至今,需要无处相同又随时有共感的开放空间支撑其进行下一步的融合与蜕变。

地点与情境的选择在一定程度上决定了模式规则和环节的设计方向。使用演播室无可厚非,但若从业者一味惯性遵循经验模式而不去探索音乐类综艺更多的可能性,那么所呈现出来的行业态势将是趋同与停滞的。

二、主题导向把控易失衡

近几年,国家广播电视总局对综艺节目的主题导向和核心价值要求越发严格,规章制度也逐步规范与细化,在对电视综艺的创作方向和思路严格把控的基础上,要求落实网上与网下统筹管理、统一标准。网络综艺在萌生和初期发展阶段受到的监管较少,一直呈现野蛮生长的态势,播放电视上无法收看到的内容、打擦边球、噱头大于本质成为一部分网络综艺的制作特征,这种早前只对商业利益负责的创作思路在今天的政策条例下已经无法产生效用。无论是电视综艺还是网络综艺，都需要既为团队和平台的盈利与继续运作负责，也要为播出后对广大观众的社会影响负责，把控经济效益的同时也要兼顾社会效益。在这个过程中，容易让音乐类综艺节目陷入两难境地的情况，主要有对于音乐性的把控和对于娱乐性的把控。

（一）对于音乐性的把控

音乐类综艺节目从诞生初期就面临着作为节目核心的音乐本体的艺术价值与承载其内容的综艺表现形式之间的平衡问题，即音乐性与娱乐性之间的平衡问题。

节目组选择了什么样的歌手、什么样的音乐隐含着制作团队对于音乐的审美品位和艺术追求。对音乐性的把控可以体现在以下几点。

1. 音乐类型及风格的聚焦：这种聚焦既可以是丰富的、不受限制的，如湖南卫视《歌手》、爱奇艺《我是唱作人》等；也可以是只呈现单一的音乐类型，如腾讯视频《即刻电音》专注于电子音乐、爱奇艺《中国新说唱》聚焦于嘻哈音乐等。选择什么样的音乐类型进行单独呈现、选择哪几个音乐类型进行同台竞技都足以体现制作团队在音乐性上的企图，表明他们希望引起观众对何种音乐类型的关注。

2. 作品内容与质量的把控：无论节目形式是保守还是创新，好的音乐永远是音乐类综艺不可或缺的关键要素。在节目中，具体选择表演哪首音乐来也体现了节目组对音乐性的侧重。近些年，虽然音乐类综艺屡见不鲜、现象级节目也不在少数，但真正深入人心甚至享誉国内外的音乐作品数量却远不及节目的影响力。这也需要擅长节目流程和环节制作的制作团队对此进行冷静思考。

第四章 音乐类综艺节目面临的问题

（二）对于娱乐性的把控

在当下的综艺制作环境里，真人秀是主流。起初，真人秀的风潮从欧美刮来，却未能在我国引起强烈反响；2013年开始，从韩国引进的《爸爸去哪儿》《奔跑吧兄弟》等节目让真人秀成为中国综艺中的宠儿。如今，无论是何种综艺节目题材，哪怕不是完全使用，也多少都会融入一些真人秀的拍摄方式。音乐类综艺节目也同样如此。本质上来说，使用真人秀能够在音乐之中增添故事成分、增加人物色彩，对音乐表现也有丰富和烘托的作用。但如果"秀"的成分过高，就会过度娱乐化，出现把控失衡的问题，比如有以下几种情况。

1. 音乐与"秀"本末倒置

此前我们明确了音乐在音乐类综艺节目中的重要地位，而真人秀的"秀"本是起辅助作用，提升节目可看性的。但一些投资方与制作团队过于重视这吸引眼球的"秀"的成分，对人物是否有趣有谈资的关注甚至大于音乐本身。导致人物的身世是否离奇、有没有特殊才艺、是不是独具个性成为选角导演最为看重的内容。

2. 以"剧本""人设"作秀

真人秀吸引观众的讨巧做法一旦被制作团队接受之后，便会产生更为"偷懒"的制作方式，强化甚至虚构"剧本"和"人设"。综艺编剧、综艺剧本和综艺人设的概念从韩国引进，最初本是一个职业和工作内容的代名词，但在中国部分节目制作团队无底线的使用下，现在的观众倾向于认为"剧本""人设"等同于造假。破碎的家庭背景、苦难的拼搏之路都可以被捏造出来以骗取观众的泪水与关注，悬念与反转也不过是节目组与艺人提前设置好的情节。过多强调人物身上的某种个性标签甚至虚构人物

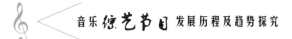

形象，但这在当下资讯发达的环境下极容易被戳破。这些用以作秀的"人设"和"剧本"不仅让观众逐渐产生逆反心理，甚至抹黑了综艺编剧这个正当职业和其工作内容。

3. 明星的"秀场"

绝大多数的音乐类综艺节目仍然会使用明星作为主要嘉宾或者导师，以明星自身的关注度吸引流量，将明星宣传看作节目宣传的重点之一。观众的确喜欢看明星，节目组使用明星这本无可厚非。但无论是对于节目还是明星本身，制作团队都很容易将花边新闻、八卦炒作当作节目的宣传亮点，不仅降低节目格调，也并不能被如今深谙营销套路的观众所接受。

三、题材的选择与突破

克里斯·安德森的长尾理论告诉我们，只要货架足够大、运输渠道足够四通八达，即使是鲜有问津的商品依然能够拥有可观的市场需求与销量。① 由此，在综艺领域便产生了"圈层"概念。正所谓"物以类聚，人以群分"，圈层指的就是由相同或相似的经济基础、生活方式、审美品味等形成的小圈子，每个圈层都有其核心的关注点或兴趣点。"圈层"概念打破了原本综艺尽可能大范围覆盖观众群的创作思路，成为互联网时代无论是网络综艺还是电视综艺都必须要考虑的创作方向和思维方式。许多新兴的、小众的音乐类型和文化类型也由此逐渐走入人们的视野，得到了更多曝光的机会。但与此同时，新兴与传统的音乐文化之间的受众差异、如何占有和兼顾年轻观众和年长观众已然成为音

---

① 参见安德森著，乔江涛、石晓燕译：《长尾理论：为什么商业的未来是小众市场》，中信出版社2015年版。

第四章 音乐类综艺节目面临的问题

乐类综艺面对的最新难题。综上，题材选择和突破的问题主要体现在大众题材难突破、小众题材难破圈、经典题材难翻新三个方面。

（一）大众题材难突破

综艺作为大众艺术、音乐作为现代人们生活中最为普遍的娱乐消遣方式，音乐类综艺节目无论是从节目制作角度考虑还是观众接受效果来看，大众音乐题材都是必不可少且在音乐类综艺节目之中出现最多的音乐类型。越多节目选择这种题材和类型，就越容易出现同质问题。在音乐类综艺节目发展较为成熟的当下，如何对大众音乐题材进行突破便成为制作团队不得不面对的难题。

纵向来看，尽管每个时代、每个阶段所流行的音乐类型和风格不尽相同，但音乐类节目的表现手法和形式仍旧是换汤不换药。无论是传统晚会中的单独音乐节目还是歌手大赛的"音乐竞技对抗赛制"，都已经成为大众音乐题材综艺的老生常谈。近几年，增加悬念竞猜元素的《蒙面歌王》、拉近歌手与歌迷之间距离的《我想和你唱》等节目的出现一定程度上给大众音乐题材的音乐类综艺节目增加了新意，但仍未能造成现象级效果，也没能形成拥有可持续发展空间的节目样式。无论大框架还是小变动，尝试过流行题材的节目形态数不胜数，但几乎都未能找到最关键的突破口。

（二）小众题材难破圈

2019 年头部综艺大多仍以养成类、音乐类节目为主。[①] 无论

---

① 封亚南：《2019 年网络综艺行业调研报告 垂直出圈，构建综艺创新共同体》，载《电视指南》2020 年第 1 期，第 24-29 页。

是电视综艺还是网络综艺，音乐类都是各大电视台和视频平台的"兵家必争之地"，每年的大投资、大制作重点项目必然包含至少一档音乐类综艺节目。2019年新推出的10余档音乐类综艺节目之中，小众题材占据了一半有余。的确，在模式难以较大程度创新、大众流行音乐使用较多的今天，将关注点转移到以往较少人关注的小众音乐品类或是较为新兴的音乐题材，是一个非常契合时代环境和受众需求的选择。

纵观近几年小众题材的音乐类综艺节目，我们发现其数量并不少。如乐队，如此小众题材的音乐类综艺节目从2019年出现至今，已有爱奇艺《乐队的夏天》、优酷《一起乐队吧》、芒果TV和江苏卫视共同播出的《我们的乐队》、腾讯视频《明日之子乐团季》等多档综艺节目，而其中能称得上"出圈"的也只有《乐队的夏天》。在"地下"盛行的嘻哈说唱音乐在2017年也跟随着爱奇艺自制综艺《中国有嘻哈》走进了观众的视野，此后，嘻哈音乐开始受到年轻人的广泛关注以及追捧，说唱也成为演唱会、跨年晚会等大型活动之中常见的节目。2020年，爱奇艺《中国新说唱2020》（由《中国有嘻哈》改名）、芒果TV《说唱听我的》和哔哩哔哩《说唱新世代》等说唱题材的音乐类综艺开始集中出现，尽管各个节目对嘉宾、选手、赛制和包装风格都进行了适当调整，但仍然无法再制造出嘻哈音乐类综艺节目第一次出现时的热潮，难以再次"破圈"。更何况没有掀起波澜的电子音乐题材的音乐类综艺节目。2016年6月，江苏卫视联合灿星制作推出了一档原创电子音乐类综艺节目《盖世英雄》，邀请了在中国家喻户晓的明星王力宏、凤凰传奇、庾澄庆和人称"鸟叔"的韩国歌手Psy担任队长，同时也有大张伟、吉克隽逸、韦礼安、李斯丹妮、邓紫棋等明星队员加盟，如此强大的明星阵容却未能让电音在观众心目中激起水花。而后2018年，腾讯视频的《即刻电音》植根于较为开放的互联网环境和腾讯视频年轻化的受众,借助选秀投票机制等流行方式来制作节目,在年轻观众之中有一定的影响力,但仍谈不上现象级。

的确,小众题材拥有着一定的市场量,是值得被挖掘和开采的题材。但除了一小部分本身就欣赏此类音乐或此类文化题材的观众外,更大一部分的观众群体仅仅只是对此抱有一些好奇心。这占大多数的观众群体对待小众题材尤其是一些亚文化题材的态度往往是消极的。他们受到社交媒体上营销宣传的影响,也许会尝试性地观看,但如果没有优质的内容或者更吸引人的看点作为"抓手"来吸引这些人群,这类观众群体便无法留存。投资方看到"第一个吃螃蟹的人"得到的红利,误以为小众题材的春天已经来临,不觉感叹如此多的宝藏等待开发,殊不知大多数观众看过就走,核心受众依旧是原来的圈层爱好者,且增长速度极慢。小众题材横空出世本就困难,跟风者渴望后来居上更是难上加难。

(三)经典题材难翻新

经典的音乐类型与题材是指最具有典范作用和权威性质的音乐人和作品。无论是从时代意义、社会意义还是推动类型的形成和变革,经典题材要么地位颇高,诸如传统民族音乐等;要么受众颇广,可以称之为一代人的记忆。

当我们在进行节目策划的时候,考虑使用经典题材音乐的其中一个原因必然是其地位与情怀。但经典的使用也是有条件的,制作团队要找到经典当中最符合当下时代趋势或者能对当下起到意义的音乐类型或题材,这便进一步缩小了经典题材的使用范围,供不应求的情况便会导致同样的经典音乐频繁出现在音乐类综艺节目之中。当每一位歌手出现时永远伴随着自己最为知名的那一首作品，观众自然而然会产生厌倦。这也是曾经引起收视轰动的中央电视台歌唱类综艺节目《同一首歌》最终停播的原因之一。它作为中央电视台曾经最具权威和影响力的名牌栏目之一，曾创下了5.18%的收视奇迹①，一度刷新了收视纪录。《同一首歌》在全国各地举办大型演唱会，邀请最受广大人民群众喜爱的歌手、演员演唱自己的知名歌曲，与现场观众乃至电视机前的观众共唱同一首歌，制造音乐的狂欢盛宴。该节目甚至与美国 MTV 电视台、韩国 KBS 电视台、日本 NHK 电视台、新加坡电视台等国外知名媒体平台进行合作，制作了中日歌会、中韩歌会等在国际上有着一定影响力的歌会节目。《同一首歌》栏目于 2000 年 1 月创立，遗憾的是，已于 2010 年停播。我们不能说《同一首歌》对经典题材的挖掘是错误的，相反，它是一个典范，但这样依托情怀的典范在当今是不可以被完全复制的。

当水木年华又拿起吉他唱起《一生有你》，当感动奉献主题都唱起"感恩的心，感谢有你……"，相同的旋律，同样的歌手唱了一百遍，观众听了一百遍，经典也会被厌倦。我们永远需要精神，永远需要情怀，但如何将经典音乐换一种方式演绎，或进行改编和重新创造，或是通过其他的手法包装而不是重复地、简单粗暴地呈现才是关键问题。

从另一个角度讲，经典题材中的传统民族音乐、古典音乐等面临的问题与流行音乐存在一些区别。这些严肃音乐从古至今就并非能为大众所欣赏的，它们大多在艺术工作者或知识分子的小圈子中流行，阳春白雪与曲高和寡往往是它们的代名词。但作为

---

① 参见《同一首歌》，见百度百科（https://baike.baidu.com/item/%E5%90%8C%E4%B8%80%E9%A6%96%E6%AD%8C/2817879?fr=aladdin），2020-08-03。

国家民族文化的瑰宝，媒体和艺术工作者有责任也有义务要在力所能及的范围内将这些严肃音乐进行传承和发扬。而娱乐综艺加严肃音乐的组合就更应该思考，如何让极与极巧妙融合。

经典当然拥有受众，但时代的车轮是滚滚向前的，当年的受众并不等同于如今音乐类综艺节目的主要受众，当中存在着受众偏差。如今驰骋网络平台的是新一代年轻观众，他们植根于后现代和亚文化的土壤，不屑于墨守陈规，渴望打破传统、解构世界，他们正在重新诠释"经典"这个词汇的时代含义。对于这样的新兴力量而言，任何权威都是可以被解构的，遵从于个人内心的选择、拥有自己的判断与鉴赏标准比既定规则更重要。因此，节目制作团队若想要让彼时的经典被完全不了解它的观众所接受，就一定要转变其高高在上的姿态。

四、人物设置重复

近些年，人物角色在综艺节目之中的地位越来越重要。哪怕节目制作和具体内容都差强人意，观众仍然在意自己欣赏与喜爱的人物在节目中能否有足够的呈现，因此也会形成持续观看的习惯。亨利·詹金斯曾强调电视粉丝和他们近乎疯狂的参与式文化对电视的发展和解读起着十分重要的作用，粉丝们甚至会进行"文本盗猎"行为，利用原本电视剧或电视节目的文本内容、人物形象进行二次创作，也就是所谓的同人作品。[①] 这通常是要借助小说、电视剧、电影这样具有强故事性的文本，早期的综艺节目几乎做不到这一点，仅有才艺的展示或者板块的组接，构不成

---

① 詹金斯著，张琳、郑熙青译：《〈文本盗猎者〉与中国粉丝文化研究》，载《传播与社会学刊》2017 年第 40 期，第 1-26 页。

自己独有的"故事世界"。但情况在近几年发生了转变，越来越多的从业者意识到了完整的故事背景和丰满的人物个性比扁平的才艺展示更加具有活力。尤其对于音乐来说，没有人的地方便没有能够被聆听和欣赏的音乐。歌曲需要歌手来演唱，乐器需要乐手来演奏，层次丰富的音轨需要编曲和混音来进行设计和制作。很多时候，制作团队并不是在寻找音乐，而是在寻找符合节目标准的、能够代表节目审美和态度的、能够为节目提供源源不断创作活力的音乐人。

通常，除了歌手和乐手外，大多数音乐人是要站在音乐背后的，对他们的呈现仅仅是在音乐响起时，画面左下角的那一小块信息字幕。长此以往，这样"重音乐，轻音乐人"的创作偏重和创作习惯与现在网络环境粉丝们热衷挖掘个人故事的风向是相悖的。每一位音乐类综艺节目制作人都在转变思路，在转换的过程中也面临着很多问题，上述问题集中体现在人物身份过于集中、素人选手重复出现、人物间关系和情感单一、忽略次要人物的设计等几个方面。

（一）人物身份过于集中

对于一首音乐作品来说，观众最先注意到的往往都是演唱者。因此，观众最容易关注继而展开评价的，就是它的旋律是否悦耳、演唱者的声音是否好听，这些也是它最基础的部分。而专业性过强的作曲、录音、混音等内容具有很高的门槛，很难被普通观众们察觉和讨论。其次，歌手往往是站在镁光灯下，接受观众目光和掌声的角色，是音乐的承载者，是能够被所有听众和观众知道的明星。对于普罗大众来说，明星是最具有吸引力的。因此，无论是从节目制作者的制作要领还是观众的接受程度来说，若要制作音乐类综艺节目、思考人物的塑造，首要考虑的一定是

第四章　音乐类综艺节目面临的问题

歌手，这是无可厚非的。但一首音乐的制作不仅仅只有光鲜亮丽的歌手，作曲、作词、编曲、制作人、录音师、混音师、母带制作工程师等都是必不可少的，他们也许不被大众熟知，但在行业内都是"大咖"。站在行业和专业角度来说，只聚焦于歌手身份其实是一种资源的过多占用，对其他的音乐职业和工作内容是一种隐含的不平等，媒体有责任也有义务去展现幕后的音乐工作者。

我国也有一些看似不聚焦于"歌手"身份的音乐类综艺节目。在引进荷兰原版模式 The Voice of Holland 制作的《中国好声音》风靡全中国后，灿星制作又自主研发了《中国好歌曲》，试图将制作重心放在原创音乐人身上，但实际的呈现仍偏向于演唱，达到的效果仍然与《中国好声音》类似。爱奇艺自制综艺《我是唱作人》强调"唱作人"概念，进行原创作品的PK。节目邀请的嘉宾仍旧是已经小有名气的歌手，实际上并不是完全聚焦于幕后制作人或作词作曲，更多是在呈现明星歌手的不同侧面，为其增加除演唱外的原创魅力，而并不是对唱作人本身的关注。2020年《我是唱作人》第二季播出之后，也引发了音乐评论圈对于"唱作人"身份的探讨，部分参赛者仅仅参与作曲、作词部分，但不涉及编曲等部分的工作，是否能被视作真正的"唱作人"？这些争议一定程度上也在侧面表明了目前市面上存在的音乐类综艺节目仍然以歌手比拼为主，无论在内容表现还是概念界定上仍处于模糊状态。

过去，制作组在进行音乐类综艺节目的策划时，更多的是针对音乐的欣赏性、娱乐性、竞技性，这种创作初衷和思路出发点也是造成无论模式点如何变化都没有完全突破的原因之一。换个角度来看，我们将音乐当成一种职业，从行业的角度去看待音乐类综艺节目，甚至把它塑造成"职场"或者"艺术创作领地"，

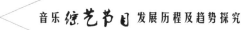

强调过程而非最终呈现结果,也许会是对音乐类综艺节目类型的一种全新尝试。

(二)素人选手重复出现

纵观音乐类综艺节目的发展历程,从中央电视台青歌赛到湖南卫视"快男超女"再到浙江卫视《中国好声音》,都采用了素人歌手比赛的形式。如果说最早的青歌赛还保留着专业和通俗唱法的划分以及严格的评审打分制度,那从《超级女声》开始,专业性越来越弱化,参与的渠道越来越开放,从音乐行业人士的专业比拼逐渐变成了全民参与的狂欢节。在观众看来,歌手是最容易触及的台前职业,是最容易让自己一夜成名的捷径。在这种隐含的观众需求和内在心理的促使下,热衷于素人选秀的音乐类节目不胜枚举,便也出现了素人选手重复出现,也就是现在互联网上较常被使用的"回锅肉"一词。

曾经的制作人们认为"明星是有限的,而素人是无限的",抱着挖掘素人的创作理念开始制作节目。但在中国,首先由于历史文化和社会环境原因,人们普遍内敛含蓄、畏惧镜头、不擅长表达自我,很多拥有个性和才能的人未能得到挖掘。这就造成了实际可供选择的素人范围比预期的小,且素人的参与意愿两极化严重,极容易使得节目成为娱乐公司的练习生和小有名气的网红KOL①频繁露脸的舞台。不断参加音乐类综艺节目的素人选手并不在少数,很多能力不足、运气不够的选手便不停地游走于不同的节目。优酷2020年的男团竞演综艺《少年之名》甚至被网友称作"回锅肉聚集地",选手名单之中不乏往届《快乐男声》

---

① KOL, key opinion leader, 关键意见领袖。指在一个群体中受到大部分群体成员的信任,对该群体的行为有较大影响力的人。

《偶像练习生》等综艺节目的选手，甚至还包括优酷2019年同类型节目《以团之名》的选手。素人的同质化会令观众丧失观看的耐心，也不利于娱乐公司和经纪公司沉淀与培养新人。

（三）人物间关系和情感单一

音乐创作与表演既有个人独立的一面，也有团队协同合作的一面，在综艺节目中的呈现也理应如此。目前市面上的音乐类综艺节目更多还是以呈现个人为主，或者是个人与个人之间（不同音乐之间）的竞赛关系、伙伴关系、亲友关系、师生关系，缺少了针对一首音乐之中团队之间相互合作的关系与情感。

在这一点上，2018年优酷的《这！就是歌唱·对唱季》曾经有意识地进行延伸。该节目组将节目定义为大型音乐对唱剧情式真人秀，从"剧情式真人秀"这一措辞上，我们能够窥见其想要更多表现歌手合作这一要点，在音乐的演绎中展现更丰富的人物关系。2020年的《明日之子乐团季》也尝试着在保留音乐性的基础上，探索音乐人之间不同的组合会碰撞出怎样的火花。并非纯粹的交友或血缘的情感，而是借由音乐这一载体，传达出更为独特、更加契合灵魂的情感。这也是最符合音乐类这一特殊题材的情感类型，也能够与其他类型的综艺节目进行差异化区分。

（四）忽略次要人物的设计

在一档音乐类综艺节目之中，歌手、音乐制作人这些音乐的创作者们可以算作主要人物，主持人、专业评审、大众评审等可以被视作次要人物，也是极容易被节目制作组忽视的要素。

传统创作思路里，主持人所承载的功能往往只是推进节目流程、合理串联节目版块、传达节目组的指令、对选手或嘉宾进行内容的挖掘等。实际上，一位主持人是否了解音乐，是否本身拥有音乐背景和音乐素养也应当成为制作组要考虑的问题。我们可以用其他类型的节目来类比论证，相亲交友类节目《非诚勿扰》正因选择了孟非这位具有丰富社会阅历和情感生活经验的主持人，才能够抓住嘉宾的心理，引导动情点的产生，也能够找到嘉宾只言片语中具有争议性和社会影响力的讨论点，进行情感甚至是情感以外的社会探讨，这也是《非诚勿扰》能够在网络上掀起热议的原因之一；求职类节目《非你莫属》在张绍刚的主持下产生较大热度，原因也在于张绍刚犀利幽默的观点表达和一针见血的发问还原了职场实际又残酷的面貌。因此，合适的主持人选也应该成为音乐类综艺节目应该考虑的内容。

其次，专业评审与大众评审的选择也十分重要，音乐的展示既需要理性的专业分析，也需要感性的大众认知。较容易出现争议的是大众评审的选择，作为竞技类音乐综艺节目中决定选手或嘉宾成败的关键因素，制作组也需要对大众评审的品味和审美进行掌控。如果节目面向的是广大年轻受众，自然要多选择年龄层较小的观众，也要注意对选手或嘉宾个人粉丝数量的控制；如果面向的是全龄段的人群，那么就要适当控制每个年龄层的现场观众人数，以保证公平公正。

五、选歌方向狭窄

从某种角度来说，音乐类综艺节目是音乐产业的推动器，它像是一个推荐音乐的平台，通过有趣、新颖的方式潜移默化地将音乐推广出去。选择什么样的音乐代表着制作组整体的音乐审美和价值观。但就目前市场上的音乐类综艺节目的选歌来说，仍然存在着方向狭窄的问题。节目虽然众多，但实际上，可供选择的音乐的池塘并不大。

第四章　音乐类综艺节目面临的问题

"'现在做音乐节目最头痛的就是没有歌,稍微流行一点的,网上恨不得能搜出四、五十个翻唱版本。'刘洲一语道出当下音乐节目的瓶颈:歌手很多,会唱的人也很多,可是能用的歌没几首。"① 2018年因电视剧《延禧攻略》而火的插曲《雪落下的声音》就曾被多个节目与晚会翻唱;2019年《野狼 disco》不仅红遍大街小巷,甚至在北京卫视、东方卫视、湖南卫视、江苏卫视的跨年晚会以及中央电视台的春节联欢晚会上也有不同版本的翻唱;2020年芒果TV《乘风破浪的姐姐》和优酷《少年之名》两档节目几乎同时对周笔畅的《用尽一切奔向你》这首歌曲进行了改编。在华语音乐创作力萎缩的今天,音乐类综艺节目几乎是不得不重复用相同的音乐作品。林俊杰、徐佳莹、陈奕迅等歌手的歌曲被反复使用与翻唱,让节目显得千篇一律。

音乐类综艺节目与音乐产业永远是互相成就的,音乐并不是综艺节目一味索取的土壤,综艺节目反过来也要促进音乐产业的进步与繁荣,挖掘更多音乐人和音乐类型,普及更多音乐专业知识,也应当成为原创音乐的推动者。2019年,由腾讯音乐娱乐集团、优酷视频和灿星制作共同制作的原创音乐人养成类综艺节目《这!就是原创》启用了《中国好歌曲》的原班团队,节目中所展现的歌曲均由原创音乐人创作,为制作原创类音乐综艺节目做出了良好的尝试。

原创音乐没有成名作品名气、流量的加持,没有知名歌手的既有光环,但节目制作者不应局限于眼前的利益,应当将目光放长远些,在几近干涸的池塘中捞鱼不如将池塘变为海洋,让音乐类综艺节目成为音乐领域中良性循环和可持续发展的动力。

---

① 攻主:《对话〈金曲捞〉音乐总监刘洲:"让音乐有尊严"》,见捕娱记(https://mp.weixin.qq.com/s/tYMpCtw5Y4LrbXAaLyMhSw),2017-02-06。

第二节 音乐类综艺节目的制作流程

一档综艺节目的最终呈现效果既取决于前期内容策划的优劣，也取决于制作流程是否专业、合理。制作节目的过程就像是建筑师拿着手中的图纸，将一砖一瓦变成百尺高楼，参与其中的每个制作人员都需要遵循一定的规则。

完善的制作流程可以让节目内核焕发出蓬勃的生命力。相反，不完备的制作流程会使节目效果大大减分。音乐类综艺节目作为近几年迅速发展、在综艺节目市场占有很大份额的节目类型，也相应存在制作流程不够规范、音乐专业性不足等亟需改善的问题，具体包括工业体系化、人员架构、音乐专业化、节目制作考量标准规范化等方面。

一、工业化体系待完善

"工业化"是介绍好莱坞电影体系时经常使用的词汇。它不单指好莱坞电影在特效、声音、摄制技术上的超前性，更是指其在电影全流程制作上的规范化、产业化。混音、特效、海报制作，任何一个电影制作发行过程中的细小环节都可以在好莱坞找到上百家对口的专业团队，供制片人选择比较。"工业化"同样可以延伸到电视剧、综艺节目等领域。在综艺节目发展较为成熟的日本、韩国、美国、荷兰等国家，已经可以窥见工业化的具体展现。当一个新的节目方案策划出来后，制片人会立刻寻找到适合的播出平台、投资人、制作团队、参演嘉宾等，各司其职，按照专业化流程开始节目的落地制作。

第四章 音乐类综艺节目面临的问题

如今的观众，对音乐类综艺节目的要求不再是听一位歌手在舞台上动情演唱，他们希望得到与以往不同的视听享受。这需要综艺节目制作团队、视频平台对综艺节目制作的工业化体系有更深入的认识，其中包括工业化标准和工业化环节两个方面。

（一）工业化标准

在工业化生产中，只有符合标准的零部件才可以进入下一个组装环节。在音乐类综艺节目的制作流程中，也存在着类似的标准，这个标准来源于对节目制作水平、视听效果、观众体验等多方面的细致评估，可以分成可量化和不可量化的标准。

1. 可量化标准

主要指节目制作中音视频技术、演播技术的标准。震撼的视听体验是大部分音乐类综艺节目的主要看点和卖点，这与舞台和音响技术的大胆使用密不可分。湖南卫视《歌手》（前身为《我是歌手》）节目从第一季开始便将通常用于歌手演唱会，价值数千万的音响设备搬到了电视台的演播厅；湖南卫视《幻乐之城》利用电影巨幕、剧院环绕声系统给观众带来电影式的观看体验；每年的《欧洲歌唱大赛》将最前沿的舞美设计、音响设备和自动导播技术展现在全世界观众面前。这些节目在视觉和听觉效果上为工业化标准提供了很好的参照，促使更多节目提高在音乐表演视听呈现上的技术追求。但在很多音乐类综艺节目的直播环节中，话筒不出声、舞台道具故障等"直播事故"还是层出不穷，这也要求制作团队对标准化流程给予足够的重视，让节目这台大机器上的每个齿轮按照规定的方式运转。节目的工业化标准并不意味着所有的节目必须完全一致，而是标明了节目所要达到的最低要求和容错范围，在标准之上可以有着无限的艺术创造与想象空间。

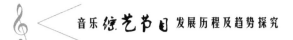

2. 不可量化标准

如果说可量化标准主要是技术方面的硬件要求，那不可量化的标准则更多地体现在创作人员、普通观众及社会层面对音乐类综艺节目的价值认知。什么样的音乐类型适合作为节目的核心要素、该选择音乐人的哪一方面在节目中进行突出展示、节目会对音乐产业的发展产生哪些影响？上述问题都是创作者在制作节目过程中需要扪心自问的。当一档音乐类综艺节目忽略了音乐本身的丰富内涵，转而对音乐之外的噱头、炒作给予过多重视时，就偏离了这条看不见的标准线。

（二）工业化环节

节目制作流程的专业性与工业化环节的精确设计密切相关。不同于早期节目由编导包揽音乐选择、表演设计，甚至是歌词改编各个环节的做法，现在的音乐类综艺节目对制作过程中各环节的划分有了更加细致的要求。从音乐挑选改编、舞台视觉呈现、现场拾音、后期混音到传播推广，每一个环节都需要精细的把控，环环相扣，才能最终呈现在观众的眼前。

纵观近几年的中国综艺节目市场，并不缺少各环节制作精良、叫好又叫座的音乐类综艺节目，但这并不意味着我国音乐类综艺节目在制作领域已经与世界接轨，因为在这些现象级的节目背后不难发现海外团队的身影。比如湖南卫视《歌手》、江苏卫视《蒙面歌王》都购买了韩国原版节目的版权，浙江卫视《好声音》（前身为《中国好声音》）在节目创作之初也购买了版权，并学习了荷兰原版节目的完整制作流程。

对外国成熟节目模式及工业化分工的快速学习让观众切实感受到中国音乐类综艺节目的迅猛发展。但随之产生的问题是，当中国制作团队开始进行原创节目的制作时，很少能出现可供全世界"复制"的节目模式,这一方面与节目内容有关,另一方面还是因为节目尚未形成可供不同国家"复制"的工业化环节与流程。

能否将之前的学习经验进行合理的转化,把上一个成熟节目的工业化环节总结成完整的 SOP(标准作业程序)并运用于新节目的制作,是接下来中国音乐类综艺节目的制作团队需要思考的命题。

二、人员架构的规范化

节目制作流程的优化依赖于制作团队中各工种人员的职业化、专业化。一档节目从构思到播出,需要导演、编剧、制片、灯光、音响、摄影、宣传等数十个工种协同合作。一档体量较大的综艺节目涉及的工作人员有时甚至超过百人。与企业管理类似,如何在短时间内将所有人员安排在最合适的位置,明确自己所要做的工作,是节目的制作流程得以有序运行的关键。

随着中国综艺节目市场的不断扩大,越来越多从业人员涌入节目制作行业,其中不乏一些对综艺节目领域尚不了解、专业技能不扎实的新人,而音乐类综艺节目相比生活、旅游类综艺节目又是一个较为专业化的节目类型,这对节目制作过程中的人员架构提出了更高的要求,主要体现在对从业人员和管理人员的要求两个方面。

(一)对从业人员的要求

著名的"冰山理论"中,人只能看到冰山露出的一角,而海水下面不为我们所知的部分才是冰山的主体。音乐类综艺节目也是如此,观众所能看到的只是音乐人在舞台上的演绎,但这背

后还有各工种工作人员的大量工作,他们在很大程度上决定了节目的成败。任何一个工种的质量出现问题,都会影响到节目的效果。想要在众多的音乐类综艺节目中占据一席之地,除了与音乐本身直接关联的音乐指导,以及音响、录音、混音等部门的工作人员要在专业性上有所要求外,其他工种比如造型师、化妆师、摄像师等也需要掌握基本的音乐知识,根据音乐的不同内容与风格完成工作。比如湖南卫视《幻乐之城》节目中逼真的故事片拍摄场景打破了音乐表演只能在演播室舞台上面对观众进行演唱的固有印象,将音乐变成了电影。当身处节目制作各个岗位的从业人员对节目想要传达的内容有了共同的理解时,才能实现节目的理想化呈现。

但现实情况是,由于人才的供需矛盾,很多从业人员在还没有熟悉工作内容、掌握所需技能的情况下就被安排在了重要的位置上,处理着能力范围以外的工作。一方面,实战确实能让他们迅速上手;但另一方面,毕竟缺乏实践经验的积累,他们在遇到突发问题时无法随机应变,极易出现差错。从业人员在基本素质、节目理念、职业能力不达标的情况下,会对节目内容产生较大的负面影响,导致制作流程无法正常推进。

针对节目制作领域从业人员良莠不齐的情况,国家标准化管理委员会于2018年发布了有关"泛影视文化领域技术职称考评体系"团体标准,涉及导演、摄影、录音、剪辑等十七大类,用明确的标准来评定从业人员是否达到行业的要求,加强从业人员对专业能力的重视程度。[①] 尽管因为影视行业发展的复杂性,

---

① 微校教育:《"泛影视文化领域技术职称考评体系"团体标准在国家标准委官网公布》,见搜狐网(https://www.sohu.com/a/232608643_100078650),2020 - 08 - 03。

第四章　音乐类综艺节目面临的问题

该举措在推广过程中有一定的难度,但这一职业体系的建立对改善影视文化行业的效率低下、缺少专业化高端人才等情况来说,都具有不可忽视的意义。

(二) 对管理体系的要求

音乐类综艺节目同其他类型的综艺节目一样,在制作流程中都要遵循一定的管理体系,像金字塔一样逐层约束,形成稳定的结构。近些年,部分具有超前意识的综艺节目制作团队开始效仿韩国综艺的"PD中心制",即以节目制作人(PD)为核心的制度。此外,编剧在韩国综艺制作中同样占有举足轻重的位置,从前期策划到后期剪辑都需要全程参与,把控节目的核心内容。在绝大部分韩国综艺中,节目制作人与编剧共同建构起节目的管理及责任体系。而在影视产业较为发达的其他国家如美国、英国,同样有成熟的管理体系,如"编剧中心制""制片人中心制"。不同国家根据自身的影视发展规律,形成了适合本国行业特性的管理体系,这之中没有绝对的优与劣,只有适合与不适合。

我国在综艺节目制作领域还处于发展阶段,没有形成固定的管理体系,一部分节目在制作过程中仍以总导演为核心,还有部分节目开始尝试新鲜的团队组建方式。在突破与融合的过程中,也出现了不少问题。比如导演和编剧间存在不平衡,体现在一些音乐类综艺节目中就是规则设置、情景设计、人物故事挖掘都很有看点,但导演的执行力不足,导致最终呈现的效果平平,观众反响一般;或者是导演执行到位,现场控制力强,但编剧被架空,导致节目的核心故事拼凑感强,只是在单纯地堆砌表演舞台,没有全局意识,内涵空洞。可见只有找到两者间的平衡,才能保证节目的品质。

管理体系的建立很难一蹴而就,培养一个能担重任的成熟导

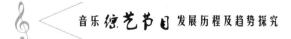

演或编剧往往需要8到10年的时间,而中国综艺节目开始大量学习海外经验、提升原创实力也才经过了不到10年的时间,人才的匮乏和管理体系的不完善是不争事实,但并非不可改变。随着音乐产业的发展及综艺节目制作流程、理念的进步,相信制作团队会在更成熟的管理体系下做出具有社会影响力的综艺节目。

三、音乐专业性不足

贝多芬这样形容音乐:音乐是比所有智慧和哲学还要高还要重要的启示。音乐见证了人类文明的演变与发展,每个人对音乐的好听与否都有着自己的判断。当观众选择打开一档音乐类综艺节目而不是单纯地戴上耳机聆听已经在录音棚录制好的音乐时,意味着观众希望看到精彩绝伦的视听表演,希望听到关于音乐人、关于音乐创作的有趣的幕后故事,得到全新的体验。这也是很多现象级音乐类综艺节目如《中国有嘻哈》《乐队的夏天》《声入人心》获得收视口碑双丰收的原因。

我国的观众,尤其是年轻观众,通过互联网收看来自世界各地的优秀音乐类综艺节目。这些节目无论是在题材选择、视听效果还是角色塑造上都极具突破性。比如具有风向标作用的《欧洲歌唱大赛》、有韩国说唱版《我是歌手》之称的 *Show Me the Money* 等。想要征服这批具有"国际化胃口"的观众,在国际音乐类综艺节目市场占据份额,只是不出错地将音乐演绎出来还远远不够,主创们需要在各个制作流程的音乐专业性上做足功课。

音乐类综艺节目,音乐性和综艺性缺一不可,这是我国的许多节目容易忽视的地方。由于音乐题材本身的特性,不能简单把其他类型综艺节目的制作流程套用在一档新的音乐类综艺节目上,而是需要调整节目制作流程,让其与音乐制作、音乐表演的规律相适应,在前期筹备、中期录制、后期制作的各个阶段填补音乐专业性上的不足。

(一) 前期筹备阶段

前期筹备是节目制作的初始及核心阶段,在筹备过程中,主创的音乐专业性会直接影响节目在音乐性上的最终表现,以及观众的音乐体验。受制于行业的发展,同时兼具音乐与综艺节目知识的复合型人才稀缺,大部分音乐类综艺节目在前期筹备阶段没有专业音乐人士介入,仅靠导演、编剧或制片人的音乐积淀进行创作,这极大地增加了节目在音乐的专业呈现上的不确定性,难免暴露出一些问题。

1. 节目设计违背音乐特性

我们经常可以在音乐类综艺节目中看到规定时间或情境内创作歌曲,或是把已有的组合成员拆分重组的情节设计。这些设计在很大程度上增加了节目的可看性和综艺效果,但如果主创团队缺少音乐相关经验,只凭想象设计出不合理的环节与模式,反而会削弱节目的音乐专业性,比如上述的两种设计就有违于音乐创作的一般规律。再天马行空的设计也要建立在对过去经验的总结和专业知识的运用上,切忌纸上谈兵。如要在前期筹备阶段发现并解决这些问题,需要制作团队进行多次的脚本模拟,在现实环境中验证节目设计的音乐场景是否能真正实现,缩小想象与实际的差距。

2. 专业音乐团队介入晚

不管节目模式如何变化,音乐类综艺节目的核心卖点始终是音乐的多样化演绎,这离不开与音响、录音、混音等团队的紧密合作。在一些制作精良的音乐类综艺节目中,可以看见音乐相关团队在节目筹备之初就加入了策划会,与导演、编剧沟通节目的

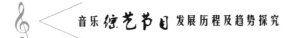

音乐理念和整季节目在音乐上想要展现的不同元素、信息，这有助于节目形成自身特有的音乐符号，把导演想传达的信息更好地融入节目录制与后期制作中。但这样的专业音乐团队的数量很少，对于正处在上升期的音乐类综艺节目行业而言还远远不够，很难满足如此大的市场需求。绝大部分音乐团队还是介入较晚，一般在节目录制的前几天才正式进场，没有足够的时间进行额外的沟通与二次创作。

（二）中期录制阶段

节目录制是制作流程中的重要一环，决定着节目的实际效果。这点对于音乐类综艺节目来说，参演嘉宾的实际表演状态，现场观众的反馈，音乐、灯光、导演、视效、美术、录音等团队的配合成果在录制过程中得以完全展现，一档节目的音乐专业性在中期录制阶段高下立见。我国音乐类综艺节目经过了几十年的发展，在节目中进行歌曲的演唱和拍摄已经成为家常便饭，但这并不意味着制作团队完全达到了录制阶段对音乐专业性的要求。现如今的音乐类综艺节目不仅要求音乐团队在歌曲选择、作词作曲、编曲、现场拾音、后期调音等方面提供专业意见，还要求舞台、服化道团队能结合音乐进行艺术化呈现。技术上的不足容易弥补，但音乐方面的专业理念及一部分约定俗成的录制习惯却还需要加以矫正。

1. 音乐及表演元素堆砌

为了给观众带来更丰富的视听体验，制作团队往往会在短时间内呈现多种音乐及表演元素，例如在许多音乐表演类综艺节目中，可以看到歌手在演唱的同时，LED 在变幻着画面，伴舞在周围起舞，舞台上的道具舞美也不时发生着变化。更多的元素固然能不断刺激着观众的视觉神经，但安排不当也会分散观众对音乐本身的注意力。任何在音乐表演中出现的元素都应该与音乐密切相关，需要团队人员从专业性上作出恰当的判断。

2. 真唱"变"假唱

真唱与假唱是音乐类综艺节目中老生常谈的话题，从观众的接受习惯上看，在以表演、舞蹈为主要看点或是演唱者并非专业歌手的节目中，为了给观众更好的观看体验，适当使用对口型演唱的方式并非完全不可取。但在一些本就将歌唱作为核心内容或是竞技项目的音乐类综艺节目中，对口型会大大降低观众对节目的好感度，让观众对节目在音乐方面的专业性提出质疑。从长期来看，假唱的滥用既造成了观众流失，也不利于音乐类综艺节目及音乐产业的进一步发展。

（三）后期制作阶段

近些年，中国综艺节目在后期制作上的进步有目共睹，剪辑、包装、混音、配乐等都有了质的飞跃，具有创造力的后期制作能让一档综艺节目添色不少。对于音乐类综艺节目，后期制作的作用更为突出，混音师需要在工作过程中调整音轨之间的平衡、修正音准、根据需要在原声基础上增加效果等，对音乐的专业性要求很高，不光要掌握软件操作，更要有敏锐的耳朵。混音的强大作用稍不注意也可能会适得其反，比如导致制作团队对后期过分依赖。当制作团队试图在后期阶段利用技术手段完全掩盖录制阶段的拾音及演唱问题时，往往会过犹不及，得到观众"听起来很假""音修太过了"的负面反馈。

另外，现如今聚焦于说唱、电音等小众音乐类型的节目越来越多，在音乐表演及真人秀环节都会涉及很多专有名词。这些词汇对于没有参与过节目调研及录制的后期从业人员来说并不熟悉，导致在最终成片里经常会出现错别字、环节补充信息有误的情况。

面对了解各类音乐类型的观众,音乐类综艺节目各个制作流程的从业人员都不能缺少音乐专业性知识。

四、节目制作考量标准单一

近些年,大量以互联网企业为代表的投资方涌入综艺节目市场,迅速打破了电视台主导节目制作的格局,使一些新兴节目制作企业得以发展壮大。"市场喜欢什么?"逐渐代替"我想要做什么?"和"社会需要什么?",成为驱动制作团队的核心问题。做市场喜欢的节目会更容易得到资金支持和曝光度,但创作者也不可避免地因受到市场价值判断的影响,渐渐减弱了对节目内容的天然感知力。

一档体量较大的音乐类综艺节目从策划到最终上线,通常要经过半年至一年的时间,在这期间市场是在时刻变化的。一方面,今天的热点到了明天可能就不再有人关注;另一方面,没有大牌艺人加持的冷门综艺也可能因为网络上的一段视频、一张截图登上头条,成为众人热议的"宝藏节目"。身处复杂媒体环境中的音乐类综艺节目创作者们,很多时候不可避免地陷入一种单一价值判断与考量标准的怪圈,其中,唯流量论、缺少多维思考是较为重要的两个方面。

(一) 唯流量论

网络流量本是网络时代诞生的一个中性词汇,它基于大数据统计,反映了单位时间内特定对象的搜索量、阅读量等指标的量化数据,可供进一步分析和比较。在市场化的经济环境中,流量代表了热点,代表了潜在的大量受众,具有显而易见的经济价

第四章 音乐类综艺节目面临的问题

值。但对流量的过度追捧，势必会造成一定的负面影响，使包括综艺节目在内的娱乐文化产品出现考量标准上的偏差。"唯流量论"与过去电视台主导节目制作时的"唯收视论"类似，哪儿能引起最大的关注度就往哪儿发力。不同的是，"唯流量论"下的变现速度更快，泡沫化更明显。

在当下许多音乐类综艺节目的制作过程中，制作团队在参演人员的选择上大量启用带有流量的艺人，在内容创作上向高热度的话题或内容靠拢。在这种"唯流量论"思维的影响下，一切皆以流量为第一优先，将会给音乐类综艺节目带来不小的冲击。

1. 新生力量缺席

音乐类综艺节目的火爆与新生力量的出现密不可分。当观众对熟悉的面孔、演唱方式、千篇一律的歌曲风格感到审美疲劳时，需要新鲜血液来打破这种沉闷的局面。但"唯流量论"的盛行，让很多节目制作团队不敢启用完全没有市场热度的新人。长此以往，新生力量哪怕具备音乐实力，也很难得到向观众展示自己的机会。合适的人无法出现在合适的位置上，这对娱乐文化产业的人才培养将造成极大的打击。

2. 内容受制于流量

音乐类综艺节目的制作流程也越来越多地出现节目内容为流量让路的情况。从节目模式的创意阶段开始，制作团队就需要针对时下流量高的综艺节目类型或话题热点设计环节与角色。不能说在这种"市场什么火，我们就做什么"的观念下完全做不出口碑流量双赢的节目，但只为了快速收割流量而扎堆做同一种类型的节目，极易使综艺节目过度娱乐化、消费化，失去其本身具有的社会价值。

(二）缺少多维思考

在传统的综艺节目制作中，主创团队遵照内容策划、节目录制、后期制作、上线播出、宣传营销等流程完成一档节目的制作，这个过程是线性的、按环节进行的，而相应的考量标准也是单一的，以节目正片播出效果为最终导向。

现如今，受网络视频平台及碎片化短视频的影响，综艺节目的制作流程经历了打碎再重组的过程，单个流程可以根据实际情况前置或后置，如节目中音乐的推广可以超前并独立于节目本身，可以在节目上线前便形成病毒式传播。音乐内容的辐射范围在一定程度上可以作为节目制作考量标准的其中一个维度。

不难发现，"节目"这个词所具有的含义相较过去丰富了很多。一档节目在某种意义上已经成为了一个可供发掘的IP品牌，除了节目正片之外，衍生VIP节目、短视频节目、音乐MV、线下活动等都可以包括其中。以《乐队的夏天》第一季为例，除了每周播出的正片节目外，还衍生出VIP节目《乐队我做东》以及HOT 5乐队（该节目最终产生的5支最受欢迎乐队）的全国巡回演唱会等。这些细分内容在节目的制作流程中多线并行、彼此交叉，每一个内容都有其传播的侧重点和目标人群。但这种多维度的思考在音乐类综艺节目中还比较少见，大部分制作团队还是将全部精力集中于单个节目的内容设计，鲜少从节目所要传达的内涵及音乐理念出发，多层次地排兵布阵，联动各个制作环节进行整合传播。

观众对音乐类综艺节目的需求越来越多元，低维度下制作的节目内容已无法满足他们的好奇心，深挖节目背后具有的音乐价值及社会文化价值在这个时代尤为重要。音乐类综艺节目制作者需要进一步探索如何通过一档节目带给观众持久的音乐体验，这显然比只关注节目播放情况这一单一考量标准更有意义。

第三节 音乐类综艺节目的呈现形式

音乐类综艺节目的呈现形式直接关系到受众的观看体验及审美建构,主要包括视觉领域、听觉领域、叙事领域和价值领域四个方面。

一、视觉呈现

音乐是听觉的艺术,但同样具有跨越媒介、与其他艺术样式组合成复合形态的潜力。因此,将音乐进行视觉化、影像化的处理,成为创作者的灵感之源和实践目标。但就当下的音乐类综艺节目的视觉呈现现状来看,音乐与影像的结合进程受到了节目形态本身的限制,同时,音乐与影像之间和谐的互动关系有所破裂,反而成为相互掣肘的存在。因此,音乐影像化建构的不足、影像与声音系统的不协调是其中比较重要的两个方面。

(一)音乐影像化建构的不足

早在20世纪之初,艺术家们就已经尝试将动态影像应用于音乐的视觉化呈现中。通过这种技术,实践者将视觉信息转化为音乐,但因为硬件的限制,这些成果很难被聆听和欣赏。20世纪50年代后,"音乐视觉化"(music visualization)概念衍生,出现了相应的设备,可以让电频随着音乐的节奏变化而产生波动。20世纪60年代,以波普艺术、达达主义等为代表的新先锋派艺术的蓬勃发展让艺术家们意识到了艺术的跨媒介属性,故此不同艺术样式之间的互动更为紧密。自20世纪90年代起,电脑的普及和迅猛发展让音乐视觉化软件不再稀有。自此之后，游戏、电影、电视等多元的艺术样式都与音乐进行了结合，后者的视觉化进程也有了突飞猛进的进展，一系列相关的艺术实践积累了宝贵的经验，如MTV等具有创造力的形式也证明了这种探索的未来潜力。

"音乐视觉化"这一命题在音乐类综艺节目中焕发出了新的光彩，却又与传统的诸多尝试有所不同。具体来说，音乐不再满足于简单地转化为可视化图形或动态影像，而是以结合的形式创新性地展现在观众面前。换言之，音乐类综艺节目的视觉呈现是复合式的，并且为音乐服务。因此，基于综艺节目的特性，音乐在该类型节目中的视觉呈现元素应该包括舞美、服装、化妆、道具、大屏、特效、特技等多个方面，需要全方位地予以利用和设计。而就当前的呈现形式来看，节目制作方存在意识缺位和专业性不足的问题。

视觉呈现形式的意识缺位主要体现在对视觉元素的利用不足上，最终整个舞台呈现出割裂的观感。电视综艺的录制团队庞大，不同工种各司其职，无论是细分工种还是统领者，如果没有对音乐视觉化的意识，必然会使某些元素"失语"。例如某节目中的"摩天轮"场景，节目组将道具转盘与LED屏幕中的真实影像相结合，的确有了相对真实的观感。但作为演唱主体的女主人公身穿华丽的裙子，搭戏的男主人公却是一身简约的牛仔衬衫，在美感上便打了折扣。而且男女主人公全程没有唱词和大幅度动作，仅靠眼神完成交流，让整首歌的视觉呈现失去了几分神采。纵观国内的音乐类综艺节目，能充分利用诸多视觉元素进行音乐呈现的还不多，这正是缺乏整体意识，以各自为战的态度完成舞台展现的结果。不难猜测，这样的舞台，拆分来看每一个视觉元素都是到位的，但组合在一起便无法适应歌曲的主题和内涵，沦为视觉的空壳。

专业性不足则凸显于视听情境的构建之中。"一方面，音乐的理解与思维是建立在对听者过去的经验、知识积累较强的依赖基础之上的；另一方面，这种思维也受到聆听情境的影响。"① 反观之，如果想让受众在欣赏音乐的同时陶醉于创作者所提供的视觉之美，就要构建一个和谐、有机、统一的视听情景，这同样需要深厚的艺术功底与节目制作经验。在创作过程中，视听元素往往"牵一发而动全身"，而元素数量越多，越需要在录制现场减少器物的挪动，以控制时间成本，这就需要创作者以自身丰富的经验为依托，敲定最终的方案。而就当前中国的音乐类综艺节目发展来看，无论是执行力、原创力，还是色彩配合、舞台设计、创新技术等方面，都仍有进步空间。

（二）影像与声音系统的不协调

影像与声音是音乐类综艺节目呈现的重点，但从当下的实践成果可以窥见，二者中间出现了不和谐的音符。

首先，影像与声音系统的不协调来自传统艺术与传媒艺术审美属性的不同。"如果对人类的艺术进行大致的分类，可以分为传统艺术和传媒艺术。"② 传统艺术是指具有悠久历史的音乐、绘画、舞蹈、雕塑、文学、戏剧等艺术形式，传媒艺术则指摄影、电影、广播电视、数字媒体等新兴艺术形式的集合。一般情况下，在欣赏前者时需要"静观"的态度，沉浸到美的意境之中，如欣赏音乐时会不自觉地闭上眼睛，辅以瑰丽的情思和想

---

① 付龙：《音乐表现及传播形态嬗变中的视听互动》，载《现代传播》2015年第11期，第78-80页。
② 刘俊：《传媒艺术刍论——基于对传媒艺术特征的分析》（博士学位论文），中国传媒大学2014年，第10页。

象；而后者则一般带有强烈的视觉刺激，尤其自电子影像技术蓬勃发展以来，图像可以其迅疾的变化让受众陷入极致的感官体验中，而无暇"静观"。

换言之，当音乐进入综艺，成为后者的主要内容和呈现形式后，观众也就从"单一"的听觉享受，转而陷入视听的双重冲击中，自然会迷茫于感知二者的顺序和分量，不和谐感由此而生。同时，音乐具有广阔的理解空间和想象空间，可供聆听者自由驰骋。然而，视觉的介入让图像迅速定型，从而再无遐想的可能。这种变化是好是坏难以界定，一方面，它扼杀了思想的创造力；另一方面，它建立了绝对的真实，达到想象所无法触及的彼岸。毋庸讳言，视听结合的方式会让具有公信力的舞台版本成为传播的主流，占据受众的感官空间，但究竟孰优孰劣，还需要时间去验证。

当然，从审美属性上谈，二者差异并没有优劣之分，创作者可以通过舞台的巧思与剪辑的技法，让画面与声音系统形成有机的统一，达成浑融的意境。但目前的症结在于，个别创作者在主观上将视觉的效用放大，试图通过效果震撼的舞台与绚丽华美的服饰吸引观众，而忽视了音乐本身的编排与创新，这让画面与声音系统陷入不和谐的窘境。不难发现，某些音乐类综艺节目在播出结束后，观众记住的往往只有人物与故事。作为代表类型的前缀，音乐失去了核心地位。

其次，影像内容与声音系统的指向不一致同样引发二者的不协调。在音乐类综艺节目中，画面所呈现出的色彩、物质、灯光、人物行为等符号和声音系统中的人声、环境声等符号应该形成一致性的有机体，为音乐的传播而服务。而个别音乐类综艺节目为了节省经费，一景多用、乃至一个场景贯穿到底，让画面内容与声音系统彼此抽离，更遑论构建意境高远、让人沉醉的优异

第四章　音乐类综艺节目面临的问题

音乐舞台。

　　同时，善用比喻与描白，可以通过画面呈现出歌曲的内涵和作者的情思。以歌手李荣浩的歌曲《李白》为例，该歌曲意图通过诗人李白洒脱狂放的性格，鼓励听者从外界评价的枷锁中挣脱出来，遵从本心地生活。在进行画面呈现时，如果选用古代诗人的形象作为素材，虽然也有与歌曲相对一致的指向性，但无疑因为过于直白和简单难以取得良好的共鸣效果。在《歌手2019》中，吴青峰所演唱的歌曲《未了》化用了希腊神话中西西弗斯的故事，而在画面的呈现中，摄像师通过镜头旋转，让演播厅顶部的灯光在构图中形似层峦叠嶂的山峰——呼应了西西弗斯推巨石上山，一生往复的悲剧命运。由此，画面与声音形成了双重隐喻，开辟了深邃浩淼的美学空间。因此，音乐类综艺节目的画面内容与声音系统不仅要"形似"，更要"神似"，要如同琴瑟和鸣，共同赢得受众的欣赏与喜爱。

　　此外，后期剪辑的不当介入也会影响影像与声音的和谐。剪辑讲求节奏、频率、组合、情绪，这与音乐的技法有一定的相似性。换言之，运用蒙太奇手法进行时空重组的过程，与音乐的表达息息相关。而就实际情况看，音乐类综艺的剪辑中出现了为"故事""流量"服务，却未顾及音乐完整性的情况，比如在情绪的高点切入具有搞笑性质的观众画面、快节奏的歌曲却缺乏相应节奏的切换频率和镜头运动等。当然，音乐类综艺节目因其专业性，容易在某个环节上出现执行者音乐专业素养不足的情况。因此，需要编剧团队和后期团队充分了解表演者的情思和心态，同时积极听取专业人士的建议，在传统声画思维的基础上，根据节目题材和音乐类型及时调整思路，以达到更好的效果。

二、听觉呈现：话语功能的沦陷与失序

音乐类综艺节目的听觉呈现与声音系统的每一个因素都相关，其组成大致可以分为两部分，其一为音乐，以及与音乐有紧密联系的音效、环境音等，其二是节目中不同人物的话语。随着节目体量的增长和真人秀元素的渗透，后者所占据的时长愈发突出。以第一季《中国好声音》为例，每一期节目约90分钟，共演唱10首歌曲，以一首歌4分钟计算，即一期节目中的演唱时间不足总时长的一半。"据统计，国内大多音乐真人秀节目中单纯音乐表演的比重大概在33%—54%之间"①，其余的时间几乎都属于话语，可见话语在音乐类综艺听觉呈现中的重要性。

同时，语言哲学家奥斯汀（J. L. Austin）曾提出"语言具有行事功能"这一哲学思想并创造了言语行为理论。他的这一主张可以归结为一句话："说话就是做事。"② 由此可见，话语同样富含引申义，不但在听觉呈现中位居重要地位，还关乎节目的策划与受众的审美感受。但在当下音乐类综艺节目的听觉呈现中，有部分话语陷入娱乐性的泥淖，失去了原本的功能和意义。

音乐类综艺节目的子类型众多，话语又涉及多元的主体和客体，因此难以通过单个模型对话语加以梳理。但总的来看，其内容可以大致概括为三个类别。

第一类，展现个人或集体经历的话语，一般出现在现场插播的视频片断、现场采访和摄影机的真实记录中，这里的"个人/

---

① 谭若冰：《中国优秀音乐真人秀节目的话语研究》（硕士学位论文），华中师范大学2015年，第11页。
② 罗国莹、刘丽静、林春波：《语用学研究与运用》，中国书籍出版社2013年版，第61页。

第四章　音乐类综艺节目面临的问题

集体"主要指节目着重强调的"主人公",如选手之于《中国好声音》,演员之于《幻乐之城》。在音乐类综艺里,规则往往是针对音乐的表达而设立的,对个人经历和个人性格的表达只能通过话语来完成。借助语言,观众可以了解表演者的所思所想,以配合音乐进行理解。在《中国好声音》中,选手上场前要面对摄像机说出自己的心里话,以辅助完成对自我形象的塑造。

第二类,"对立"者的话语。此处的"对立"并不是常规意义上的对抗、争斗,而是相对于上文"个人/集体"而言的,也就是指代身份立场不同的另一批人,如具有竞技性质的音乐类综艺节目会设置评委和导师。"对立"者要对个体或集体进行点评,以构建节目的基础叙事,同时通过话语完成自身的形象建立。比如在历届《中国好声音》中,导师的"金句"都是一大看点。如杨坤的"今年我要开32场演唱会",那英的"4届好声音我带出来3个冠军"等。在节目中,这是一种吸引选手的话术,但是在观众眼里,这是平常遥不可及的"偶像"难得一见的平易近人的一面。再比如主持人华少,彼时他以一串迅速、密集的广告口播获封"中国好舌头"称号,成为一时的话题人物。在以往的节目中,主持人这一角色往往承担着一定的功能,他们的发挥都是在功能的限制下进行的。但是华少的尝试让大众和其他主持人看到了另一种可能,即主持人亦可以成为焦点的一部分。总的来说,"对立"者一般拥有较强的专业技能,在话语的构建过程中很大程度依靠自己的性格,目前的音乐类综艺节目在这方面的形式设计上尚有欠缺,帮助他们展现妙语连珠的手段有限。

第三类,展现上述二者互动过程的话语。在赛制完善、竞争性强的音乐类综艺节目中,个人或集体的话语和"对立"者的话语是丰富的,而在非竞赛类的、或身份区别并不明显的节目中，更突出的是互动的过程，也就是汉语词汇中的"对话"。比如《幻乐之城》中每一位表演嘉宾与导演、摄影师、演员之间的沟通，自己遇到困难时的求助与解决之道等。在节目形态日益综合的今天，三个类别的话语往往同时在同一个节目中出现。

话语比重的突出丰富了音乐类真人秀的听觉呈现，也打破了观众一味听歌时所陷入的审美疲劳，给该类型带来了一定的生机与活力。但话语并非节目的核心，它应该为音乐服务。以《乐队的夏天》为例，大众往往对乐队的专业知识有所缺乏，所以节目组会请主持人马东担任"门外汉"的角色，主动向大张伟、张亚东等专业音乐人请教问题，通过他们的话语来传达知识。同时，为了避免说教的枯燥无聊，主持人也要注重话语的趣味性。正是基于这样的诉求，《乐队的夏天》出现了全场一起打反拍的场面，既打破了大众打拍子时只会打正拍的知识短板，也营造了热烈的节目气氛。

同样，因为话语近乎无穷的可能性，掌控不好反而会更加暴露节目的短板。比如，部分音乐类综艺节目试图通过提前设计台本，借助低俗、媚俗、庸俗的话题吸引受众目光，彻底放弃了话语的正面功能，使其沦为娱乐属性的附庸。这同样是该类型节目听觉呈现中亟待解决的问题，需要政策管控和主观限制的双重约束。

三、故事呈现："造星"与"推歌"的二元对立

"'故事'曾经是人类了解历史、熟悉自然、感悟自身的通俗方式，它构成了普遍存在于人类社会的原型文化，在人类的血脉中播下了讲'故事'、听'故事'、爱'故事'、迷'故事'

第四章　音乐类综艺节目面临的问题

的基因。"① 在音乐类综艺节目中，故事也占据着越来越重要的地位。然而随着节目的不断发展，"造星"和"推歌"这两种不同的目的逐渐衍生出不同的音乐类综艺节目子类型，并呈现出对立的态势。

需要强调的是，个人/集体与"对立"者的互动话语与故事呈现有重叠之处。但话语强调语言与其背后的引申之义，而故事是一个多元的概念，话语可以讲故事，镜头和剪辑亦然。同时，话语属于听觉呈现的一环，而故事则贯穿了视觉与听觉，二者在接受层面也不尽相同。

一般来说，音乐类综艺节目的故事呈现可以分为两个维度：其一是依托于节目规则、隶属叙事范畴之内的故事。如湖南卫视《歌手》节目中，节目组客观记录了歌手在一周备战中的真实情况，将他们的喜怒哀乐与困难挑战真实地展示给观众，使其了解到在演唱之外歌手作为"个体"的一面。为了激发歌手的个性，为故事提供素材，节目组往往会设计附带一定压力的节目规则。正如黑格尔所言"戏剧就是表现分裂、冲突、和解的一个流动过程""动作也罢、性格也罢，要成功的表现出来，必须经历一条无法避免的途径：纠纷和冲突"。② 其二是音乐本身所附带的故事，一般为歌者本人的情感体验或所陈述的事件，其最直接的载体就是歌词。当然，也可以通过后期采访、记录拍摄等方式进行补充和诠释。二者的核心不尽相同，但有时也会产生交叉和重叠。

在此基础上，随着垂直题材的聚焦，讲故事的目的逐渐细分

---

① 高鑫、贾秀清：《21世纪电视文化生存》，中国国际广播出版社2006年版，第258页。
② 见于王金伟：《戏剧冲突的类型与特点》，载《戏剧之家》2013年7期，第60页。

为"造星"和"推歌"。顾名思义,"造星"以塑造人物为核心追求,通过动人的故事发掘人物的魅力点。如《中国好声音》以寻找素人中的"金嗓子"为模式点,通过盲选时的"未知"和获得导师认可、讲述个人故事后的"已知"形成具有爆发力的差异化效果,选手独特的嗓音和鲜明的性格共同形成了观众的记忆点。以"推歌"为目的的故事则着力于歌曲的推广,注重表现音乐人的创作情怀和创作出发点,将歌曲中的情感元素予以呈现。如《中国好歌曲》将"唱作人"这一身份推上舞台,努力发掘优秀的原创音乐,并通过讲述音乐故事的环节让创作者得以展现唱功、名气、外貌以外的一面。从结果上看,《中国好声音》推出了一批唱功优秀、风格独特、唱法各异的音乐人,为华语乐坛注入了新鲜血液;《中国好歌曲》则留下了多首意蕴绵长、传唱度高的名曲佳作,让大众认识到了幕后音乐人的魅力,也为音乐类综艺节目的艺术性拓展开辟了道路。

以"造星"为目的和以"推歌"为目的的故事呈现应该并行不悖、有机统一的。然而,为了更好的经济效益,当前的音乐类综艺节目更注重"造星",而忽视了音乐的本真和本位。当然,"造星"作为一种目的,本质上是强化与人物相关的故事线,让观众的注意力集中于歌手,而非音乐本身。比如在《中国好歌曲》第三季中,节目组引入了"限时创作"这一规则,要求唱作人在24小时之内完成一首原创作品,并登台演唱。不断逼近的演出时间和久久无法推进的创作进度让故事的主人公陷入极度的焦灼之中,这一方面引发了诸多不可预估的事件,带给观众不同于之前赛制的紧张感;另一方面观众能否在音乐中获得美的享受已经不是关注的重点,"限时创作"能否成功成为了节目的焦点。但从最终结果来看,"限时创作"环节难以留下值得传唱的歌曲,盖因音乐的创作需要情感的抒发,而不单单是技巧的堆砌。这一规则带来了丰富的叙事情节和饱满的戏剧张力,但其观感却类似观看肥皂剧,只能看到"剧中人物"的"爱恨情仇",却不能欣赏到美好的音乐。

因此,音乐类综艺节目的故事呈现并不应该单纯以传统的"好故事"为判断标准,即不应该仅讲究起承转合、突出戏剧矛盾、构建人物关系等,而应该以音乐为核心,突出创作过程、设计亮点、情感故事等具有独特审美属性和深厚内涵价值的幕后故事。

四、价值呈现:过度包装带来的内涵不足

音乐类综艺节目的创作不仅要有趣,更应该把有益作为价值层面的坚守。然而,目前个别创作者过度重视话题、创新与商业价值,罔顾产业生态的失衡,造成了一定的负面影响。

第一,过度话题包装带来的价值空泛。诚然,融媒体的传播方式让电视综艺有了更大的发展空间,但同时也让个别创作者有机可乘。他们通过"碎片化"传播,借助热门话题的包装达成收视率的丰收,但多次重复之后这样的话题便失去了热度,而内容又禁不起推敲,只能消散于电视史的尘埃中,从此无人问津。比如歌手腾格尔因深厚雄浑的唱腔而闻名,其"腾式"唱法有着鲜明的个人特色。当前一些音乐类综艺节目请腾格尔演唱流行歌曲,以达成"陌生化"效果,产生强烈的话题效应,借此吸引受众。这样的选择本身无可厚非,民族与流行的结合可以碰撞出新的火花,创作出非同一般的艺术精品。而现实症结在于,过多此类节目的邀约让腾格尔变成了流行音乐的专业户,观众对这种反差演绎已经产生了审美疲劳,电视荧屏也难以再听到"腾式"唱腔歌唱草原歌曲。而流行音乐本身也各有意境氛围,民

族唱法难以完全发挥其优势，导致最终二者都只留下平平无奇的演绎成果。

第二，过度创新包装引发的质量欠缺。创新是综艺节目发展的必由之路，但其重要性在于从里到外、从始至终贯穿的观念和行为，而非披着外壳的包装。创新包装意指以创新为名号，却没有配套的理念迭代和范式更新，从而忽视了质量。音乐与艺术样式和非艺术样式都有较好的适配性和融合性，因而经常成为创新的"载体"，然而创作者往往只为了"新"，而胡乱拼凑一气。唐诗宋词虽美，也要有适宜的旋律去配合其意境和格律；民族乐器虽然独具一格，但吹奏西方乐曲时也要考虑是否能发挥其长处。个别创作者只在意"创新"，而忽视了"质量"，并没有深入钻研编曲、配器与旋律。无论是意境，还是唱法的匹配度，都让音乐和另一种艺术样式（或非艺术样式）失去了原本的优势与色彩。对音乐类综艺节目而言，音乐的质量是根本，一切讨论都应该围绕这一点展开。

第三，过度商业包装导致的产业生态失衡。在各类型的电视节目中，音乐类综艺节目适合宏大场面，宏大场面更容易广泛传播，更容易产生较好的经济效益，因而音乐类综艺节目一直是资本的"宠儿"，然而过度的商业包装对音乐产生的健康生态已经造成了一定程度的影响。一方面，音乐类综艺往往具有长时间的后续运作，如选手出道、组建团体、举办演唱会等，刚取得一定成绩的新人通过上述形式可以获得一定曝光，但过度商业化运作将使新人丧失主动权，逐渐疲于通告奔波，无暇锻炼专业能力。过度的商业导向也加速了人才的快速损耗，导致供求关系失衡，优秀的年轻音乐人难得一见。另一方面，正如前面提到的，音乐类综艺节目大多聚焦于"翻唱"与"演唱者"，对"原创"和"制作人"缺乏关注。虽然经典老歌的全新版本在传播热度和商业包装方面比原创歌曲更具有竞争力，但大多只能昙花一现。同时，优秀的制作人缺少获得关注的途径，甚至难以维持职业生命，于是部分制作人只能选择自己走到台前，不再从事幕后工作。

电视综艺讲求"内容为王"的策略，而通过审视这三种包装过度所带来的问题可以发现，其核心错误正是在于放弃了音乐本身，转而寻找其他途径以追求收视率和商业回报的丰收。对音乐类综艺节目而言，当下最重要的就是回归音乐本体，在尊重电视艺术规律的前提下进行合理的创新创优。

第四节　音乐类综艺节目的传播

在当下的综艺节目制作环境中，相比较于制作水准，资本方往往更看重传播效果。以往中央电视台、湖南卫视、浙江卫视、江苏卫视、北京卫视、东方卫视等电视台割据综艺市场的格局，被腾讯、爱奇艺、优酷和芒果TV等各大网络视频平台的陆续加入打破后，市场竞争变得更为激烈。从内容上看，音乐类综艺节目的市场份额极高，各个细分类型都有涉猎；从观众的接受心理来看，碎片化的冗杂信息充斥着人们的生活，只有掌握全媒体大环境才能让节目突围。因此，在饱和的市场下，一档音乐类综艺节目想要被看见甚至想要脱颖而出则更依赖于传播，这也成为每一位从业者的共识。"老一辈"制作人们和传统媒体也都在进行着融媒体的试验。在这个探索的过程中，细节问题逐渐浮出水面。接下来，笔者将从节目本身的传播以及节目中音乐的传播两个方面分别论述其存在的问题。

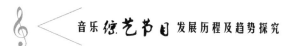

一、节目本体的传播问题

(一)碎片化传播与维护整体性的矛盾

1. 内容制作缺少传播思维

现有的综艺节目制作思路仍然局限于内容策划这些最传统、最基本的考量因素。尽管业界已经逐渐产生重视传播的共识,但大多数时候在策划与制作阶段并不会提前考虑到传播的形态和效果,不会形成基础的传播策略,或者说传播思维让位于内容制作的收效微乎其微。宣传与营销工作往往在形成完整策划内容甚至是节目录制与制作之后才介入,从已经完成的节目成片之中寻找宣传点与传播突破口。这便产生一定程度上的传播滞后,降低了传播效果。

2. 碎片化传播易破坏整体性

现如今大热的短视频,其创作思路与特点偏向于"短平快",要在最短的时间内最快地吸引观众,并释放一定的信息量以促使观众进行反复多次的观看。这其实与动辄一个小时甚至两个小时的长综艺的创作方法是完全相悖的,它并不强调叙事的完整性,而忠于"断章取义"的"爽感"。部分节目制作团队甚至本末倒置,更为重视在社交媒体、分享平台以及短视频软件中的短视频片段,过于强化单一段落的戏剧张力,而忽略了段与段之间的衔接,破坏了整集节目的节奏感。

这样的剪辑方式的确让音乐类综艺节目的碎片化传播变得更为容易和方便。但观众们在看过微博和抖音上极具吸引力的节目片段后,再观看完整正片时,会发现其实最精彩的往往就是那些已经发布在网络平台上的碎片视频。这虽然促进了短视频平台的

第四章　音乐类综艺节目面临的问题

发展，但对推动综艺节目却起到反作用。

3. 分发过散，缺乏规范与整合

前面笔者提到，互联网的普及带来了综艺节目类型与题材的垂直细分。各个精细品类的综艺节目纷纷涌现，抢夺小众市场。与此同时，另一个衍生问题也逐渐显现——内容过于丰富带来了观众的选择焦虑。而解决方式则需要音乐类综艺节目在传播过程中采取圈层化分发的策略。除了大数据等技术之外，我们也应当更精细地划分受众，并不能仅仅像从前一样按照传统老中青少等年龄层次以及传统生理性别进行划分。未来的受众划分与分发一定是更个性化、定制化、场景化的。

在国家大力倡导媒介融合的背景下，音乐类综艺节目也开始进行跨媒介传播。爱奇艺自制的首档网络音乐打榜类综艺节目《中国音乐公告牌》就与即刻 App 达成合作，开设了"中国音乐公告牌"专栏，吸引粉丝在 App 上进行互动，增加打榜票数。

音乐类综艺节目的跨媒介传播首先体现在节目在电视和互联网视频平台共同播出，其次节目组也尝试在微信、微博、抖音、快手等网络平台上进行合作与宣传。但很多时候缺少平台针对性，宣传团队仅将同样的文案、图片、视频在不同的平台上发布，并没有对每个平台的受众进行调研以及具体传播策略的设计。此外，各个平台的传播内容之间互不相连，没能做到资源的有效配置和合理整合。

（二）话题营销中的导向偏移

1. 过度注重表面数据

如今业界或者观众往往通过播放量、网络讨论量等数据衡量一档音乐类综艺节目是否成功。一档节目在每期节目与整季节目结束后，通常会发布一条数据公告，涉及的内容一般包括：不同

平台（如微博、抖音、快手、知乎、虎扑、夸克、神马、贴吧等）的热搜排名与次数、播放量或热度值，明星或 KOL 的社交平台分享、不同媒体的提及次数等等。节目能否让投资方满意、能否为下一季节目或者团队的下一个节目招来新的投资方在一定程度上都取决于数据是否漂亮。

每个时代似乎都会受到表面数据的约束，电视台曾经的"唯收视率"，互联网平台的"唯播放量"，再到如今全媒体环境下的"唯传播热度"的思维模式都是被表面数据约束的结果。但与其过度关注数据是否好看，不如将注意力放在提高策划质量和推动模式创新上，因为后者才是节目的核心品质。

2. 炒作与营销过度

一档音乐类综艺节目要想提高其知名度，或在与其他竞品节目的较量之中提高竞争力，除了在音乐方面的差异化以外，也要考虑情感、社会热点等多种与音乐无关的话题来进一步扩大影响力。这本是融合节目元素，拓宽音乐类综艺节目类型概念的好方式。但如若话题的选择过于低俗，甚至依靠出卖隐私和身体消费来进行无底线的炒作，那么即使在短时间内得到了关注，也不会有更长远的发展。

一些音乐类综艺节目，尤其是竞技类，在播出之前通常都会在网络上利用自媒体或营销号暗示参赛者之间的恩怨情仇，或者故意发布"引战"（即引发不同粉丝团体之间相互攻击的论战）博文，再附上投票链接，企图营造选手之间剑拔弩张的氛围。他们利用部分粉丝维护自己偶像的心理，不断地掀起网络骂战，以此提高节目的关注度。也有部分音乐类综艺节目过度重视明星效应，节目宣传阶段聚焦于明星八卦绯闻、隐私信息，希望以此引发关注。这样过度的炒作与营销违背了音乐类综艺节目创作的初衷，偏离了正道，也终将会失去忠实粉丝和潜在观众，影响极大者甚至可能会受到监管部门的审查和节目下架的惩罚。

（三）品牌信任的缺失

赫克托·麦克唐纳在《后真相时代》当中提出，我们所看到的真相往往是被加工过的真相，并非真理。真相具有不同的分类，包括片面真相、主观真相、人造真相和未知真相等。而这样的"真相"越多，我们距离实际的真相就越远。① 商业逻辑同样印证了音乐类综艺节目在传播过程中不停"篡改"真相，以致缺失品牌信任的问题。

首先，部分音乐类综艺节目为了追求短浅的利益，通常会使用"贩卖预期"的营销方式。很多节目在公开招商、还未制作或者刚刚开始制作时，就已经大量地营销造势，其意图非常明显——吸引赞助商和观众。他们往往会借用现在社会上最为流行的趋势、借助情怀的外壳或站在道德制高点上，运用话术逻辑包装自己。但真正播出之后，节目质量往往不尽人意，叙事支离破碎、剧本造假痕迹明显，导致观众流失。的确，就节目本身而言，它收获了热度和利润，但这种"贩卖预期"的模式很容易失去观众对节目、制作团队、平台的信赖，从长远上看不利于品牌的构建。

其次，现在的综艺节目较多利用社交媒体和短视频平台来进行营销宣传，原因在于这些平台更为下沉、更靠近广大人民群众，能够扩大节目的受众范围，继而扩大影响力。但毕竟，这些平台仍然属于后起之秀，信息鱼龙混杂，相关把控制度并未尽善尽美，仍然存在漏洞，尽管能够为综艺节目赢得一些观众，但此类观众黏度并不坚实，而且极易因为细节问题导致群众信任崩

---

① 参见麦克唐纳：《后真相时代》，民主与建设出版社2019年版。

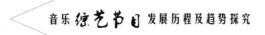

塌。相比较而言，一些节目往往过于追求短期营销，而忽略了节目品牌的公信力塑造。

二、节目中音乐的传播问题

无论音乐类综艺节目如何形式花巧、如何擅于讲故事，但节目的灵魂仍然是音乐。如果节目中的音乐没能被人关注、聆听，那音乐类综艺节目也就失去了它存在的核心意义。因此，不光是综艺节目本身的传播需要得到重视，节目中的音乐如何上线、宣发、推广也将决定这个节目的后续发展力以及整个行业的可持续发展。但这个问题并不是节目制作团队能够完全解决的。因此，笔者希望以下讨论可以起到行业督促的作用。

第一，部分节目存在重视话题传播、忽略音乐传播的问题，将原本应作为辅助推动要素的热点话题当作重点，本末倒置，导致节目频频因为明星的出格行为或话语登上热搜，让一档聚焦音乐的综艺节目变成了明星八卦集散地。

第二，节目中的音乐分发渠道过散。如今，QQ 音乐、网易云音乐、虾米音乐、咪咕音乐等 App 分割着音乐播放市场，音乐版权被割据。对于音乐要求较高、主动性较强的观众来说，不得不下载多个软件才能听到自己喜欢的所有歌曲。再者，很多音乐类综艺节目都为翻唱、改编歌曲，尽管节目制作团队购买了版权，让歌手获得了翻唱的权利、节目组获得了播放的权利，但很多合同协议之中并不包括后续音乐平台的上线与播放。因此，往往会出现观众除了收看节目视频之外，就无法收听到该翻唱版本的情况，或节目合作的音乐播放平台未能拥有某首歌曲的版权的情况，这些对观众来说是颇为遗憾的。

第三，促进音乐传播的后续活动不足。就目前音乐类综艺节

第四章 音乐类综艺节目面临的问题

目中音乐作品的传播来说，绝大多数音乐在节目播出之后的常规操作只是上架音乐播出平台，传播策略也就止步于此，缺少所谓的"售后服务"。在这一点上，《声入人心》与《乐队的夏天》为音乐类综艺做出了一些好的试探。《声入人心》着力于运营"梅溪湖"IP[①]，开展演唱会，对节目中的优质歌手也会给予后续宣传支持，甚至还组成"声入人心男团"登上了湖南卫视王牌节目《歌手》的舞台。《乐队的夏天》结束后，借着节目再次带起的看乐队 live house 演出的流行趋势，组织节目乐手进行全国的巡演，将节目的影响力带到电视或网络以外的平台。这两档节目的后续活动都取得了不错的成效。

---

① 因《声入人心》录制于长沙梅溪湖国际文化艺术中心，节目观众故以"梅溪湖"作为节目相关人事物的昵称，如参加《声入人心》的 36 位演唱者被称为"梅溪湖 36 子"。

第五章 音乐类综艺节目的未来发展趋势探究

近年来,大量同质化的综艺节目让观众对这些模式化的节目产生审美疲劳。回顾这几年的综艺节目,同一个熟悉的面孔总是轮番出现在多个节目之中,而各个节目的形式、亮点却大同小异,即便有再多的明星,观众看多了也不再感兴趣,明星这一综艺节目曾经的重要收视保障逐渐失效。在音乐类综艺节目中,一些节目制作团队追逐潮流、急功近利,盲目地将各种流行的竞技、真人秀元素塞进节目,而不是思考如何进行创新以提升辨识度,节目深陷同质化泥沼。相似的节目流程、明星歌手,雷同的音乐表达,同一首经典老歌被反复翻唱改编,都让观众失去观看的兴趣,原本最有群众基础的音乐类综艺节目面临着巨大的收视危机。与此同时,融媒体时代到来,在泛娱乐化的影响下,社交应用、短视频、直播等新平台不断抢占着人们的休闲时间,尤其是抖音、快手这类短视频平台分流了大批综艺节目观众。面对这样的困境,一些音乐类综艺节目制作团队开始突围,推陈出新、谋求转型,在抓住社会热点、迎合市场需求与提升节目质量中谋求平衡,诞生了一批口碑收视双丰收的优质创新之作,给音乐类综艺节目的创新发展注入新动力。下面,笔者将结合近年来国内优秀的音乐类综艺节目,分析音乐类综艺节目如何在收视困境中突围,并通过节目内容、节目形式、节目传播三个方面预测其未来发展趋势。

第五章 音乐类综艺节目的未来发展趋势探究

第一节　内容发展专注于专业领域的深耕与引领

音乐类综艺节目经过了多年的发展，在当下这个信息化高速发展的时代，各式各样主题、形式的新音乐类综艺节目层出不穷，但如当年《同一首歌》《超级女声》那样万人空巷的"爆款"节目越来越难产生。近几年来，数量庞大与更新快速的综艺节目让观众们的审美与品位不断提升，他们期待有更独特的角度、更新鲜动人的音乐类综艺节目。节目制作者们需要挖掘更符合当下观众需求的优质内容来提升观众的关注度，在节目定位、节目主题以及节目呈现形式等方面细细考量，节目必须有特色，能吸引观众沉浸其中。面对这样巨大的挑战，许多音乐类综艺节目制作者选择了在专业领域深耕的道路，精心策划准备，在垂直细分领域深耕节目内容，制作出不少精品节目，在节目创新方面取得了突破性的进展。具体体现为内容创作领域垂直细分；小切口深挖掘，小众文化"出圈"；节目专业度升级，引领大众审美这三大趋势。

一、内容创作领域垂直细分

给人类通信带来巨大变革的移动互联网，不仅带来了打破时空的信息沟通互动平台，促进了社会的进步发展，更深刻地改变了人们的信息接收、传播习惯，影响着人们的思维方式与交流习惯。这样的改变，对于内容创作者们而言是挑战也是机会，只有牢牢把握当下观众的审美与需求，才能制作出真正有传播度和影响力的作品。节目内容创作领域的垂直细分趋势主要有用户圈层化掀起垂直细分潮流、垂直细分推动综艺节目转型两大方面。

(一) 用户圈层化掀起垂直细分潮流趋势

面对移动互联网时代海量的信息,互联网用户并没有迷溺其中,而是有了更多更丰富的选择,人们会从中选择接收自己最感兴趣的信息,甚至成为这类信息的二次传播者。著名未来学家阿尔文·托夫勒曾在《第三次浪潮》中指出,非群体化是信息时代的一大趋势。① 用户多样化的需求逐渐取代曾经一致性的需求,互联网强大的互动功能,能将各种拥有同样特质的人聚集在一起,使得移动互联网中呈现出分众化、互联网的用户逐渐圈层化。此时的受众不再是单一的个体,而是一个由一群社会背景不同,但拥有相同兴趣、相似选择偏好的人组成的群体,他们经由互联网联结在一起,形成了一个又一个基于情感认同的圈子。在这些圈子中,每个人既独立,又有群体性,圈子会带给他们身份认同感,在圈子的交流互动中,他们的亲密程度不断加深,并更进一步加深他们对圈子兴趣点的偏好。在这样的圈层化氛围下,圈层中的用户其实比大众用户有更强的活跃度、黏度与忠诚度,有时针对圈层的内容会有更好的传播效果,甚至创造更大的经济效益,因此内容创作领域开始针对不同圈层垂直细分内容。

有互联网人曾戏称每一个重度垂直都有诞生一个十亿美元的机会,这个说法虽有夸张的成分,但各个垂直领域的潜力不容忽视。内容创作者们根据圈层用户的需求来细分市场,垂直深耕圈层文化,在内容上锚定圈层中用户的核心需求,唤起情感共鸣,

---

① 参见托夫勒著,朱志焱、潘琪译:《第三次浪潮》,第十三章"非群体化的传播工具",北京三联书店1983年版。

第五章 音乐类综艺节目的未来发展趋势探究

戳中其痛点、痒点、泪点,满足其认同感与归属感。同时,通过圈层中的内部讨论,在圈层中不断唤醒每个个体的兴趣,实现一轮一轮的扩散,不断扩大内容的影响力。

阿尔文·托夫勒在《第三次浪潮》一书中指出,大数据是第三次浪潮的华彩乐章。在信息大爆炸的时代,大数据技术的不断成熟,给内容创作者垂直细分带来更大的便利,创作者们能更高效地分析圈层文化,通过大数据分析每个个体以及群体的内容偏好,锁定目标用户圈层,对内容进行定位,从过去想尽办法满足大众口味,转变为现在有针对性地为特殊化、专业化的圈层打造内容。圈层固然具有一定的排他性,但当小众圈层与大众的爱好或特征达到统一时,小众作品也能"出圈"成为大众"爆款"。

一方面,当下节目用户的需求开始逐渐由娱乐狂欢转向共情共鸣;另一方面,近几年,综艺节目的资本投入越来越谨慎,大成本做节目,面面俱到却赔钱赚吆喝的时代已经结束,围绕目标用户需求垂直深耕的综艺节目更精美独特,也更受观众和资本的青睐。可以说,用户群体细分、内容垂直深耕是综艺节目良性发展的必然方向。

近年来,一批现象级垂直综艺节目如《偶像练习生》《中国新说唱》《中国诗词大会》《这!就是街舞》《舞蹈风暴》等在流量、话题、口碑、经济效益方面收益明显,让更多的人投入到内容垂直细分的挖掘中来,连中央电视台也开始打造小而美的垂直类电视节目。仅中央电视台文化类的综艺节目中,就有细分为针对诗词圈层的《经典咏流传》、针对历史文博圈层的《国家宝藏》、针对电影爱好者的《环球影迷大会》等,把握住细分用户市场,为不同的圈层搭建不同的节目内容,满足用户个性化的需求,成功收获大批粉丝,获得了良好的传播效果。而对于本就以用户观感为主导的网络综艺而言,垂直细分更是必然的发展趋势。当前的网络综艺多元化、差异化发展,大量切口窄小、内容精准细分、体量小却制作精良的网络综艺开始覆盖各种垂直领域——美食、时尚、购物、健身、家装、旅游、宠物等,力求把握更为细分的市场,满足受众审美与个性化的需求。

(二)垂直细分推动综艺节目转型趋势

垂直细分的概念原本常用于互联网电商领域,例如聚美优品、当当网、海淘网站,相对于淘宝这种面向全体大众的第三方承载平台,它们属于有特定用户群体的垂直类电商。垂直细分不同于水平细分,而是对准某一市场、行业进行再细分,深耕其中某一领域,更迎合用户的需求,内容会更专业。"深耕"意味着满足用户个性化的深度挖掘,满足不同圈层用户的极致个性需求。"垂直细分"意味着不再注重大而全,而是更加注重小而专,面向更小的市场,更精准地为目标用户量身打造内容,提升用户体验,从而获得更高的市场占有率与用户黏性。

当前的综艺节目市场存在着需求错位、创新僵化、价值异化等问题,尤其是在经济形势较为紧张的当下,一档综艺节目若想成功落地必须解决平台、招商、效益三大难题。往日那些大投资、大制作的泛娱乐综艺节目因体量大,可能出现众口难调的问题,风险较大,越来越多的老牌头部综艺同质化严重,观众进入审美疲劳期。但小而美的垂直细分类综艺,因拥有独特性和可预见的市场价值,优势则日益凸显。《中国有嘻哈》的制片人陈伟提出,"最大的资源砸在一个最精准的小切口上,才能产生一次

第五章　音乐类综艺节目的未来发展趋势探究

爆破"①,《中国有嘻哈》的投资近2.5亿元,作为音乐领域的垂直类节目,确实获得了超高的传播度与收益。由此可见,垂直细分确实成为综艺节目创新升级进行差异化竞争的重要策略。

综艺节目制作者为了赢得观众、赢得市场、赢得收益,必须细分观众、挖掘观众的真实需求。各大视频网站与电视台的节目制作者都开始深挖垂直领域、推陈出新、清晰定位受众圈层、了解目标群体的需求与心声,在此基础上打造优质节目内容,强指向性地满足他们的个性化需求。例如从素人到名模的职业养成节目《爱上超模》、聚焦狼人杀游戏的 Panda Kill、专注母婴领域的《崔神驾到》、切中减肥痛点的《拜拜啦肉肉》,还有优酷视频打造的"这！就是"系列节目。这些节目体量较小,内容却变得更精良,不再是曾经的"拼明星",而是专注于内容的比拼,考验节目的制作、执行。在内容为王的时代,对内容的专注让这些节目获得了成功。这些聚焦各个垂直领域的新兴综艺节目让观众们耳目一新,在综艺市场中脱颖而出,也推动了综艺节目市场的完善。

通过对这些垂直细分的综艺节目的梳理可以发现,节目越细分、越垂直,成功率越高。以当前的自媒体为例,越是内容垂直细分的自媒体,商业变现力越强,例如美妆类、汽车类、保险类、健康类自媒体推出产品评测的同时做产品推荐,他们离目标用户的需求更近,因此,这类自媒体的收入可能远超泛娱乐自媒体。综艺节目领域亦然,相对于传统合家欢式的大众化综艺节目而言,垂直细分类节目有更精准的受众群体,虽然受众数量无法达到大众化综艺节目的程度,但是这些受众的忠诚度、用户黏性

---

① 申学舟:《〈中国有嘻哈〉总制片人陈伟:4小时破亿的纯网综艺是这么玩儿的》,载《财经天下》2017年第14期,第27-31页。

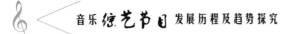

以及消费力是大众化节目受众难以企及的。因此,垂直细分类综艺节目拥有更大的变现空间与价值,给综艺节目制作者们带来更多的创作动力,更有利于综艺节目的良性发展。

二、小切口深挖掘,小众文化"出圈"趋势明显

音乐类综艺节目一直都是综艺行业中的主力类型,《2019 华语数字音乐年度报告》显示,2019 年台网音乐类综艺节目总产量为 27 档,2020 年各大平台预计推出 30 余档音乐类综艺节目,数量众多,然而音乐类综艺节目却一度陷入发展瓶颈。[①] 前几年的音乐类综艺节目多是从大众化的流行音乐角度出发,以明星或素人选手唱歌竞演为主要表现形式,同质化现象严重、缺乏新意,观众早已审美疲劳。这两年,在内容创作领域垂直细分的趋势下,音乐类综艺节目也开始细分用户群,从小切口切入后深入挖掘,在各个垂直音乐类型领域深耕。观察 2019 年的节目可见,国风、乐队、说唱、电音、美声等都成了音乐类综艺节目的深耕方向,给观众带来更丰富多元的内容。这些看似小众的音乐类型,在制作团队的精心打造以及优秀音乐人、优质音乐作品的支撑下,不仅收获圈内用户的喜爱,还"出圈"成为广受讨论的流行文化,音乐类综艺节目开始重焕生机。不断垂直细分发展的音乐类综艺节目,一直推动着小众迈向大众的"出圈"趋势化进程。

[①] 刘翠翠:《从〈2019 华语数字音乐年度报告〉看音乐综艺的走向》,见影视产业观察(https://mp.weixin.qq.com/s/DFwHvSm3FISuT1WhzGo3vA),2020 - 08 - 03。

第五章　音乐类综艺节目的未来发展趋势探究

（一）垂直细分发展的音乐类综艺节目

从网易云音乐公布的数据中可以看到，2019 年网易云音乐的新增用户中，有 85% 是 95 后的年轻人[①]，他们活跃用户主体。可以说，当前音乐行业的主流用户便是年轻人。不仅如此，实际上，95 后年轻一代也逐渐成为整个移动互联网的活跃主力，年轻一代在移动互联网中有着巨大的影响力，求新求异是他们的特点之一。随着互联网技术的不断深入发展，互联网成为各类圈层文化繁育发展的沃土，音乐用户也呈现出圈层化的趋势。个性十足的年轻一代对音乐的选择非常多样化，喜欢的音乐类型、歌手各有不同。这样多元化的审美爱好下，很难再出现像陈奕迅、周杰伦这样可以通吃一代人的歌手，也难有一种曲风可以统治整个音乐市场，从《成都》到《消愁》再到《野狼 disco》，类型各异的音乐不断成为热点。年轻人不再只为巨星呐喊，而是开始找到自己的兴趣点，除了传统音乐类型，民谣、电子音乐、"二次元"、古风、嘻哈等音乐类型迅速发展。在此基础上，音乐用户们因为各种兴趣分割成一个个拥有共同价值观与文化认同的小圈子，这些小圈子形散神聚，规模不大却有着不小的影响力，正成为市场中新的增长点，促使音乐行业也往更分众、更垂直、更专注的方向发展。

音乐用户群体作为音乐类综艺节目重要的收视人群，他们的审美趋势代表着音乐类综艺节目的发展方向，当他们的兴趣点被划分成各种圈层时，垂直题材的节目在这些群体中能收获更强的传播力与影响力。因此，音乐类综艺节目也必须抓住这个风向，

---

① 李茵：《如何抓住 95 后年轻人的心？》，见网易科技（https://tech.163.com/19/1124/14/EUOKBEPL00097U7R.html），2020 - 08 - 03。

往更细分的领域垂直深耕，不断创新，区别于以往大众化的流行音乐节目，转向音乐中的某个子类型，力求做出差异，走出一条不平凡之路，在这个信息洪流奔腾的时代抓住观众的心。2017年，爱奇艺推出《中国有嘻哈》，总播放量超过26亿①，多次创造并刷新网综最快破亿记录②，我国垂直深耕音乐类综艺节目初露锋芒。自此之后，各大平台纷纷开始发力，推出了如《声入人心》《乐队的夏天》《国风美少年》《中国新说唱》《即刻电音》等节目，给我国音乐类综艺节目市场增添了不少创新活力。

这些音乐类综艺节目不再局限于大众化的流行音乐，而是将目光投向更多元化的音乐类型，如国风音乐、嘻哈音乐、美声、音乐剧等，从垂直题材小切口切入，日益专业化、精细化。节目制作团队按照"术业有专攻"的方式来打造节目，从节目形式、流程、舞美、包装等方面凸显所选音乐类型的独特性，提升音乐质感以及节目品质，突出专业水准，努力将垂直类型做到极致。例如，湖南卫视推出的《声入人心》，独辟蹊径地将原本小众的美声演唱、音乐剧表演搬到综艺节目舞台，为音乐剧、歌剧的普及做出了极大贡献；腾讯视频推出的聚焦电子音乐的《即刻电音》，不仅在电音圈受到好评，还让许多不了解电子音乐的人开始产生兴趣；安徽卫视推出的聚焦中国风音乐的《耳畔中国》，讲述中国故事，传播歌声背后的中国文化；《我是唱作人》《这！就是原创》聚焦原创音乐，记录独立唱作人的创作状态，输出原创歌曲；山西卫视推出聚焦民歌的《歌从黄河来》，让各族民

---

① 爱奇艺：《爱奇艺再造现象级综艺〈中国有嘻哈〉播放量26.8亿完美收官》，见爱奇艺（https://www.iqiyi.com/common/20170919/1bdcd3a648a3585f.html），2020-08-03。

② 申学舟：《〈中国有嘻哈〉总制片人陈伟：4小时播放量破亿，爆款网综有这么一套逻辑》，见财经天下周刊（https://mp.weixin.qq.com/s/Z_pbqUWwNxOaBv6SZd66Iw），2020-08-03。

歌爱好者激情唱响，传播民族文化、展现文化自信；爱奇艺的《乐队的夏天》集结了31支不同风格的乐队，更是成为2019年夏天综艺市场的一匹黑马。这些小众的音乐分类，在被搬到综艺舞台上后焕发巨大生机，音乐类综艺节目市场百花齐放、欣欣向荣。

这些音乐节目体量小、成本小，在选择类型上细化，从小切口切入，在专业内容上不断深入挖掘，精确瞄准某些圈层的观众，能够有效避免观众分流，在宣传推广时也更精确高效、更能提升节目的传播效率，是当前音乐类综艺节目新的创新点与增长点。

（二）小众内容大众化，推动节目"出圈"

虽然音乐类综艺节目选择了垂直细分，努力迎合目标圈层的审美与需求，但是这并不意味着垂直细分的音乐类综艺节目就此局限在小众文化的圈子中。综艺节目本就该多元化，为不同的观众打造不同的节目内容，而且综艺节目自带流量、曝光、讨论度，垂直并不等于只面对小众，而是更聚焦某类群体，从而拥有深入进去或扩张开来的潜力。不论多小众的题材，都能满足一定规模用户的内心需求。

在小众内容被搬到综艺节目的舞台上前，必然需要对其进行加工和包装，在小众文化与大众文化之间架起桥梁，做到小众内容大众化。音乐类综艺节目虽然选择了小众的内容，但可以将这些小众内容带进大众的视野，以大众的好奇心为引子，通过建立小众内容与大众偏好之间的联系，让大众接触、了解、喜欢上这些小众内容。一些原本相对小众的题材内容，在节目团队的深挖广拓下，成功"出圈"并产生广泛影响力，例如《声入人心》《中国有嘻哈》《乐队的夏天》等。在《声入人心》第一季节目播出后，节目选手郑龙云出演的音乐剧的演出票一分钟内便售罄，音乐剧的上座率在节目播出后速涨上到80%。① 可见，小众内容也可以拥有巨大的影响力。这些成功的节目为音乐类综艺节目提供了从特殊圈层到小众化传播，再到"出圈"实现大众化的发展经验。

垂直细分的音乐类综艺节目在走向大众化的过程中，离不开对价值观共识的挖掘、对文化差异的弥合，要将原本小众的内容主题用大众更易理解的形式展现出来，扩大观众的认知面，促进不同圈层的小众文化与主流文化相互融合。

一方面，节目需要传递能引起大众共鸣的价值观。小众内容虽然与主流大众内容相比显得特立独行，但也蕴含着与主流价值观契合的部分。节目制作者如能找到方法将这部分放大，就有机会消除大众对小众内容的陌生感、建立同理心。例如《中国有嘻哈》和《声入人心》，前者的主题是长期被称为地下文化的嘻哈音乐，后者是阳春白雪的美声、音乐剧，虽然都离大众较为遥远，但节目制作者在节目中提炼出了兄弟情、团队合作精神、爱与和平、专业性、圆梦等普世的价值观，符合社会情绪和大众的情感需求，缓解了大众竞争压力大、焦虑浮躁、集体感缺失的负面情绪，成功缩短了大众与小众内容的距离。

另一方面，节目还需拉近节目中一些专业化内容与大众之间的距离，消除普通大众对小众内容的认知隔阂、减小文化差异。最高效的方式便是采用"花字"和现场解说的形式，在节目包装上用"花字"对专业信息进行补充说明、解释节目内容，或是由导师、嘉宾在现场科普，帮助大众进一步了解专业内容。例

---

① 艾木子：《〈声入人心〉的火，能烧热中国音乐剧市场吗?》，见网娱观察（https://mp.weixin.qq.com/s/Sd6GqHhYJlJ9wLMnzSCiCA），2020-08-03。

如在《中国有嘻哈》中，对"swag""1V1 battle""punchline"等专业术语进行科普，在选手表演时也会用"花字"提炼表演亮点，如"单押""双押"等，不断输出专业知识，让观众更快地看懂节目内容。此外，在表现手法上，也可以用更贴近大众的方式。如在《声入人心》中，节目试图打破"唱美声的都是年龄大、形象不那么时尚的人，唱着难懂的歌曲"的偏见，找来年轻帅气的美声演唱者，并且在节目中让他们用美声唱法演唱流行歌曲如《慢慢喜欢你》《青花瓷》《大鱼》等，这些都是将小众内容大众化的手段，也是这些节目能成功"出圈"的关键所在。

三、节目专业度升级，引领大众审美

节目专业度升级主要的目的在于引领大众审美向前发展、建构完善的审美价值观念。在未来的音乐类综艺节目发展历程中，可能出现的趋势主要体现在：观众审美水平提升、节目内容专业度提升、平衡大众性与艺术性、提升节目价值等几个方面。

（一）观众审美水平提升

2018年以来，我国的综艺节目市场出现了一个新的变化，一些看起来不太接地气的节目却意外赢得了观众的好评与出色的传播度，例如《一本好书》这样的文化类节目。在几年前真人秀最火爆的时期，观众很难对这种内容比较专业和有深度的节目产生太大兴趣。《一本好书》这档节目将一些虽然经典畅销但不一定为电视观众群体所熟知的书，如《月亮与六便士》《万历十五年》等，搬上综艺舞台，邀请老戏骨与知名专家，用演绎和讲解的方式呈现给观众。这类专业度较高的节目走红，说明知识与审美的重要性已经凸显出来。近几年来,观众的审美品位提升了,观众拒绝枯燥的专业说教,但不会拒绝通过有趣的方式了解新知识。

随着移动互联网的高速发展,我国网民数量不断上升,中国互联网络信息中心(CNNIC)第43次《中国互联网络发展状况统计报告》显示,在线视频受众池的用户群中,10岁到39岁的群体占据总数量的67.8%,以00后、90后、80后为主,这个群体的人往往受过良好的教育,注重生活品质,爱美爱玩爱运动。[①] 互联网陪伴着他们一路成长,作为对互联网最熟悉的群体,他们对网络上的内容、传播方式、互动方式、营销手段都很了解,因此,对内容的品质、专业度也有着更高的要求,过去那些低层次的、浅显的内容已很难再满足他们的需求。对于综艺节目,他们不再满足于纯粹的娱乐,而是渴望在更专业的节目中,了解世界、获得新的知识,希望被激励、被启发,对自我有所提升,让看综艺节目成为一件有意义的事情。对于音乐,他们不再盲目追逐流行音乐,而是挖掘自己感兴趣的、新颖的、有欣赏价值的音乐;也不再满足于浅层次地听歌曲,还希望深入了解音乐背后的文化,对于一段好的音乐,他们甚至愿意去追溯其创作背景、学习相关乐理知识。因此,垂直细分的音乐类综艺节目要提升节目品位与格调,用具有更高专业度的节目内容满足当下审美水平不断提升的观众的需求。

(二)节目内容专业度提升

近年来,相比起依靠插科打诨、嬉笑打闹博取观众眼球的节

---

① 中国互联网络信息中心:《第43次〈中国互联网络发展状况统计报告〉》,第21页,见中国网信网(http://www.cac.gov.cn/2019-02/28/c_1124175677.htm),2020-08-03。

第五章　音乐类综艺节目的未来发展趋势探究

目,观众们更乐于看到有专业度的节目。回顾那些让人惊艳的节目,大多都是以专业的部分让人难以忘怀,例如《歌手》不仅有知名的歌手,还有顶尖的现场乐队以及殿堂级的音响设备;中央电视台的《中国民歌大会》将民族音乐视觉呈现得美轮美奂;江苏卫视的跨年演唱会用国际级别的舞美效果带给观众美的视觉享受。在经历对唱、竞演、跨界等娱乐化形式后,当下的音乐类综艺节目不再一门心思往"大而全"发展,而是开始走上"小而专"的道路,大胆创新突破、注重提升节目专业度,不仅将音乐类型进行细分,还运用大量专业技术,在节目中普及专业知识。音乐类综艺节目迎来追求内容专业度的发展时代。音乐类综艺节目不再只关注节目的娱乐性,不再花大成本在以明星、外貌、投票互动为节目提升关注度的路径上,而是将更多的精力花费在挖掘专业音乐人才、音乐作品的潜力上,希望用有专业度的内容来打动观众、做出有内涵的节目,音乐类综艺节目迎来专业性的发展浪潮。这些小众的音乐类型看似门槛较高,但是在节目制作团队的努力挖掘下,做好电视化、大众化的呈现,让节目的价值与传播度都有了极大的提升。

当前,我国垂直细分的音乐类综艺节目已经具备了比较专业的制作能力,越来越多优秀的节目广获好评。一方面,这些节目在环节设置、节目内容以及嘉宾构成上展现出更高的专业度,另一方面,节目在制作与视觉呈现上也更注重专业性、注重营造专业感与美感,确保准确传达出所选题材的精神内核。

以2019年夏天火爆的《乐队的夏天》为例,作为以乐队为深耕领域的节目,《乐队的夏天》邀请的乐队如面孔、新裤子、痛仰、盘尼西林等,虽然在大众眼中较为陌生,但在摇滚乐圈中都是专业度有保障且极具影响力的顶尖乐队。在乐评官方面,邀请的评论人如张亚东、高晓松、老狼等,都是在音乐圈内很有资历与说服力的重量级人物，同时还搭配了由国内各大 live house 主理人、乐评人等业内人士组成的专业乐迷。节目组用这三重力量来保障节目的专业度，获得了乐队迷圈在专业层面的认可，为其进一步破圈打好基础。

在同样成功"出圈"的聚焦美声音乐剧圈的《声入人心》中，36 位参赛选手都是具有"高颜值、高学历、高音乐素养"的"三高"选手，他们很多来自中央音乐学院、伯克利音乐学院、茱莉亚音乐学院等海内外的知名音乐院校，不仅外表形象气质出众，还拥有相当扎实的专业素养，让人眼前一亮。节目形式为舞台公演加真人秀，但真人秀所占比例较少，更多地将内容聚焦在舞台公演和音乐上。在节目规则上，也没有设定大部分综艺常用的淘汰晋级制，而是延续音乐剧中的 AB 角传统，采取评定首席歌手、替补歌手的方式，弱化竞争，选手们在专业领域上互相欣赏、相互成就，保留高雅艺术的纯洁性与专业度，让观众将注意力更多地集中在音乐上。在音乐方面，经典音乐剧选段、中外民歌都有所涉猎，独唱、重唱各种演唱方式也得以一一展现，让观众深刻感受美声的魅力。此外，《声入人心》的幕后演奏班底也相当专业，由著名编曲家钟兴民担任音乐总监，在业界享有盛誉的靳海音弦乐团作为现场弦乐团。正是这种"人无我有，人有我精"的专业领域深耕的精神，从方方面面保证了节目专业度，让这些音乐类综艺节目的影响力深入人心。

（三）平衡大众性与艺术性，提升节目价值

虽然垂直细分的音乐类综艺节目精确定位了目标圈层用户，节目需要用有专业度的内容来赢得圈层用户的认可，但是音乐类综艺节目的目标不仅在此。圈层具有一定的排他性，圈层内外也有一定的审美隔阂，圈外的用户一般较难融入圈层内部，但一味

第五章　音乐类综艺节目的未来发展趋势探究

迎合圈层内用户而将其他更广泛的用户抛诸脑后对于综艺节目而言是巨大损失。好的音乐类综艺节目不仅要赢得圈层内用户的认可，同时也要吸引更多圈外的人开始接触、关注节目内容，受众认可度越高，节目也就越成功。因此，节目制作者一方面要思考如何提升节目专业度，另一方面还要思考如何加入破圈元素，让节目更有价值和意义，吸引更多的观众。同时，节目不仅有娱乐使命，也有传递文化价值、提升观众思想境界的责任。节目不仅要保证节目质量、给观众呈现出最好的节目效果，还需要引导大众多进行有意义的审美体验，用回归内容本身的优质节目来吸引观众，不一味迎合娱乐化的趋势，而是要打造符合大众审美的、有艺术品位和文化价值的优质节目。

以《声入人心》为例，美声对于大众而言是高雅艺术，比较严肃，有距离感，若是节目只停留在传统的美声音乐表现方式上，是很难突破圈层壁垒的。对此，《声入人心》的节目制作者们尝试将一些大众熟悉的音乐元素融入美声中。一方面，节目将美声唱法与流行唱法进行组合，如在 Imagination 的三重唱中，让经典美声和时下热门的电子音乐碰撞在一起，在 She Is My Sin 中，将美声与摇滚元素融合，这些新颖的方式让许多年轻人感到惊喜并感叹"美声居然还能这样"。另一方面，在节目选曲上，既有著名国外音乐剧选段如《多么快乐的一天》《恋爱的季节》等，也有国内经典歌曲如《追寻》《绒花》《父亲的草原母亲的河》《我的祖国》等。在展现出扎实专业性的基础上，节目还编排了许多用美声唱法演唱的流行音乐曲目，如《慢慢喜欢你》《对不起，我爱你》《无问》等，并在配乐伴奏中加入流行音乐元素，让原本严肃庄重的音乐显得时尚活泼，以求通过大众熟悉的旋律来削弱大众对美声的不适应感，给观众带来全新的视听盛宴。在节目后期，节目组还邀请了国内音乐剧出品人来做职业推介，给歌剧、音乐剧演员提供展示的平台，节目播出后还举办了全国巡演，以维持节目的热度和影响力。《声入人心》改变了观众对美声的传统认知，让美声被更多人接纳与喜爱，实现了艺术性与大众性的平衡。

第二节　形式媒介化视听奇观①趋势凸显

近年来，移动互联网技术高速发展，媒介融合不断加深，新媒体与传统媒体深度融合，新技术如大数据、VR、AI也在不断走向成熟，开始应用到人们日常的工作、生活之中。5G时代即将到来，万物互联趋势日渐明显。这些媒介平台和技术的进步，不仅改变了大众的信息接受习惯，也推动了影视节目作品形式的不断升级。在这样新的媒介生态环境下，音乐类综艺节目的制作者们不能再仅从内容维度来思考节目的创作，还要从形式的角度多进行发散创新，不断丰富节目形式、提升节目质量，从传播形式到视听表现形式，将媒介技术与音乐类综艺节目紧密融合，给观众打造出精彩难忘的视听奇观。在形式媒介化和视听奇观凸显的过程中，主要体现趋势包括：媒介技术升级引发影视产业变革趋势升级，创新趋势鲜明、平台传播营造沉浸式体验，技术进步推动节目制作大规模趋势化升级，等等。

---

① "奇观"一词形容的是非同一般的有强烈视觉冲击力、吸引力的画面，是出乎观者意料的、难以预测的、独特的视觉场景。综艺节目中的视听奇观通常是指，在节目中利用摄像技术，并借助各种高科技与多媒体技术创作出来的奇幻视觉效果。节目通过这些奇观，可以刺激并吸引观众的眼球，拓展观众的视听感知。

第五章 音乐类综艺节目的未来发展趋势探究

一、媒介技术升级引发影视产业变革趋势升级

(一)媒介技术进步趋势明显,推动媒介本体融合

尼古拉斯·尼葛庞蒂曾经在《数字化生存》中描绘过技术进步给人们的生活带去各种巨大改变的场景①,此刻的我们就正处于技术进步融合的变革之中。随着互联网的出现和飞速发展,任何文字、声音、图片、视频都可以利用数字化技术转换成适合各类媒介传播的符号,打破传统媒介对介质的依赖。同时,移动通信技术的不断发展,加速了媒介融合时代的到来。从2009年推出3G牌照,到2014年推出4G牌照,我国网络带宽有了很大的跃升,由此人们进入视频时代,让云技术、智能终端能被广泛运用。在互联网技术与移动通信技术的高速发展下,传统媒体受到来自新技术、新媒体的冲击。一方面,互联网降低了视频内容的制作发布门槛,让更多的内容创作者加入进来,且作品的审核相比传统媒体更加宽松。另一方面,新的媒介拓宽了影视内容的传播空间,大量新媒体视频发布在互联网平台上,呈现出海量、多元、交互、快捷的特征,抢占了观众的注意力。为了不被淘汰,重新激活生命力,传统媒体不得不进行变革以适应媒介技术的进步,传统媒体纷纷走上媒介融合的道路。

媒介融合的概念最早是由美国马萨诸塞州理工大学的浦尔教授提出的,本意是指各种媒介呈现出多功能、一体化的发展趋

---

① 参见尼葛洛庞蒂:《数字化生存》,海南出版社1997年版。

势。① 喻国明教授在《传媒经济学》里指出,"媒介融合是指报刊、广播电视、互联网所依赖的技术越来越趋同,以信息技术为中介,以卫星、电缆、计算机技术等为传输手段,数字技术改变了获得数据、现象和语言的时间、空间及成本,并且各种信息在同一个平台上得到了整合,加强了不同形式的媒介彼此之间的互换性与互联性,从而导致媒介一体化的趋势日趋明显"。② 当前,我国正处于媒介高速融合发展的时期,传统媒体与新媒体相互打通,融入互联网思维、跨界思维,打造全媒体阵营,从而更好地满足大众对内容的需求。

5G 时代即将到来,5G 网络的峰值速率将是 4G 网络的十倍以上,网络延时可以缩减到一毫秒,4G 时代出现的带宽窄、下载慢、容量受限等问题都将被解决,看视频不用再担心卡顿。同时,移动和可穿戴设备会成为人们用来接收信息的重要渠道,人工智能、VR、大数据技术不断融合,人们除了能即时获取信息外,还能享受到身临其境的沉浸式体验。

(二) 媒介融合趋势增强,促进影视作品变革

尼尔·波兹曼说过,"每一种媒介都为思考、表达思想和抒发情感的方式提供了新的定位,从而创造出独特的话语符号"③;麦克卢汉也曾发表"媒介即讯息"④ 的观点。由此可见,真正有

---

① 见于祖迪:《媒介融合现状及发展前景初探》,载《今传媒》2012 年第 6 期,第 49 – 50 页。

② 见于祖迪:《媒介融合现状及发展前景初探》,载《今传媒》2012 年第 6 期,第 49 – 50 页。

③ 尼尔·波兹曼著,章艳译:《娱乐至死》,广西师范大学出版社 2004 年版,第 12 页。

④ 参见麦克卢汉著,何道宽译:《理解媒介:论人的延伸》,译林出版社 2011 年版。

第五章　音乐类综艺节目的未来发展趋势探究

意义有价值的信息，并非各个时代媒体传播出的内容，而是各个时代采用的传播工具的性质和它带来的新的可能性所引发的变革。随着科学技术的不断进步，新媒介的不断发展，在当前的媒介融合趋势下，海量内容存储、高效便捷的传输、便利的实时互动，突破了以往的时空限制，各类媒介平台通过电脑终端、移动终端打造全方位立体传播体系，各类新的传播思路、新的内容形态层出不穷，缩短了用户与内容之间的距离，让用户在充足的信息中自由选择，深刻地影响着人们的生活。在媒介融合时代，受到移动互联网以及社交媒体的影响，人们接收信息的习惯趋向于碎片化、个性化、移动化、视频化，视频这种比文字更生动形象、更有代入感的形式，吸引了更多的用户，为影视作品的创作与传播开辟了更广阔的发展空间。在5G技术的影响下，直播、VR全景视频等形式将迎来更大的发展，为了满足用户的审美习惯，影视作品制作者也必须打破原有的、传统的内容生产思维，抓住媒介融合带来的巨大机遇，从影视作品形式上进行创新性变革。

在媒介融合带来的全媒体网状式传播环境下，创新变革不仅是对各种媒介方式的整合，更是打破各种媒体形态、媒介方式的边界进行融合，是传播形态和运营模式上的创新。影视作品的表达形式更加多元化，制作者们在创作优质内容的基础上，根据不同媒介的特效，对表达形式进行调整，使之能进入多种媒介方式的传播网络中去，让作品拥有更广泛的传播覆盖面。

当前，我国的综艺节目市场在媒介融合的影响下呈现出多元化的趋势，传统媒体与新媒体深度融合，跨屏传播、多屏互动分享成为常态，节目形式不断创新。例如爱奇艺注意到用户对音乐类综艺节目的视觉效果的高审美追求，在《中国音乐公告牌》中，搭建华丽的打歌舞台，营造氛围，增加节目的观赏性。浙江

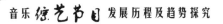

卫视推出的《中国新歌声》打造3D真人秀，让观众感受高科技与娱乐结合后产生的魅力。随着VR、人工智能、大数据等技术的不断成熟，接下来影视作品的制作、传播形式、审美形态定会迎来更多的创新与改变。

二、创新趋势鲜明，平台传播营造沉浸式体验

媒介融合时代的到来，让人们摆脱了守着电视机看节目的局限，节目的传播渠道也不再只依赖于过去单一的电视媒介，这让人们在观看节目时的选择更多元化、平等化、自主化。音乐类综艺节目的制作与传播形式也经历了几轮更新，力求融合多种媒介平台来实现最佳的传播效果。例如《我想和你唱》便利用芒果TV与优酷视频两大平台实现可从电视、电脑、手机、平板等终端多屏收看的效果，观众可以随时随地观看想看的节目。不仅如此，现在的观众还拥有更大的决定权，在节目中，既是观看者又是参与者，能通过多种方式参与节目互动。例如在《我想和你唱》中，观众可通过直播与明星跨屏合唱，参与到节目的制作中；在《合唱吧！300》中，人们可以在全民K歌平台点赞应援。在节目播出前、中、后的各个阶段，观众都可以通过微博、微信等社交媒体来了解节目的相关资讯。音乐类综艺节目利用媒介平台，创新传播形式，增强节目和观众之间的互动性，充分满足观众的需求。一方面赋予观众更强的参与感；另一方面，多渠道传播，用更多的节目资讯包裹他们，让他们沉浸在音乐类综艺节目的情境中，能激发他们的情感共鸣，给观众营造出沉浸式的节目体验。这样奇观化的体验是以往那种单向被动地收看节目方式难以感受到的。具体来说，多元化互动手段提升观众体验感、全媒体网状传播提升节目黏性是两个主要的展现渠道。

第五章　音乐类综艺节目的未来发展趋势探究

（一）多元化互动手段提升观众体验感

在当前的媒介环境下，强大的互动性与更广的传播范围带给音乐类综艺节目制作者们非常大的创新空间。各种社交网络以及媒介技术的发展让大众有了更方便快捷的互动交流方式，节目观众从被动接收者转为主动接受者，并进一步希望成为参与者与创造者，传者与受者的界限逐渐模糊，传者与受者的身份趋于平等。尤其是当前的视频观看方式日益多元化，媒介技术的运用，让弹幕、评论、在线竞猜、直播等多种互动形式丰富了观众的观看体验，满足了观众旺盛的互动需求。因此，当前的音乐类综艺节目不再盲目地按照传统的生产流程来创作节目，而是越来越注重与观众的沟通交流，将互联网的用户思维运用到节目制作中，在节目中加入一些互动手段，充分利用各种媒介平台与技术，让观众参与到节目的制作中来，与观众形成双向互动。观众不仅可以参与节目录制，他们的反馈还能及时被采纳并影响节目的发展，从而保证节目满足观众的需求，最大程度实现传播效果，让观众在节目中获得更好的体验感。

近年来，音乐类综艺节目中出现了一种全新的形式，如以湖南卫视推出的《我想和你唱》为代表的互动参与类音乐综艺节目。《我想和你唱》作为 2016 年的综艺节目黑马，引起广泛讨论的同时也带来一场全民音乐互动。观众仅仅通过一部手机，就能实现与明星的跨屏合唱，并通过点赞等方式获得到节目现场录制的机会，从而实现与明星的同台零距离合唱。其亮点有二：一是节目打破了传统音乐类综艺节目以明星为核心的模式，让明星与素人通过唱吧 App 实现同台演唱，"星素结合"体现了制作重心从精英化向平民化的转变，符合当前互联网拉平式、交互式的趋势；二是节目在唱吧 App 播出跨屏合唱的同时使用了快节奏的剪辑,通过活泼、喜闻乐见的视觉包装强化节目的互动感。如此,观众不再单纯地观看节目或简单参与互动,而是成为节目制作内容的提供者、生产者,呈现出来的节目是由节目组与观众共同完成的。节目不再追求选秀模式,而是让更多人实现与明星同台演唱的梦想。相对于结果,参与的过程才是最重要的。节目每期邀请 100 名视频合唱者到现场参与节目互动,这些人囊括各个群体,在一定程度上代表了大众,以接地气的方式掀起全民音乐狂欢,将全民同乐的视听效果发挥到最大。节目还打破了传统的专家评审模式,让观众通过 App 点赞的方式成为评委。这种让观众参与节目的方式,体现了节目组对观众的重视,以观众为核心进行节目的价值评判,实现了与观众群体之间多方位的、直接的互动,给观众沉浸式的互动体验。此外,唱吧 App 作为一个本就拥有相对稳定用户群体的手机应用,在为《我想和你唱》提供传播渠道的同时,也在节目中获得了品牌推广,进一步激发自身用户的活跃度。音乐类综艺节目可以通过运用互动手段,增强台网合作、媒介融合,整合新媒体平台的优势组合资源,打通线上线下之间的桥梁,让观众参与到电视大屏节目中,更好地调动观众的积极性,提高观众参与度,获得良好的传播效果,实现多方共赢。

除了让观众直接参与节目制作以外,音乐类综艺节目还可以利用直播的形式创新节目互动传播方式,实现多屏互动。例如在《十三亿分贝》中,节目的亮点除了用方言对歌曲进行改编、翻唱等创新演绎外,在录制过程中还加入了直播视角,录制即直播,剪辑的点播版在直播一周之后才推出。在节目里,节目制作者、嘉宾能和观众直接互动交流,这些交流也成为节目的一部分,并且观众能通过直播即时反馈内容,制作者得以了解观众的意愿、喜好,及时对节目的走向进行调整。这种模式在给观众陪

第五章　音乐类综艺节目的未来发展趋势探究

伴感、参与感的同时，很好地提升了观众在节目中的参与度与对节目的忠诚度。实时投票、点赞、音乐分享等互动方式，让观众在给自己喜爱的节目、歌手、歌曲助力的同时，也从中获得了前所未有的快感。微博等社交媒体也让节目有了更直接的互动方式，节目官方、嘉宾个人都会在节目播出的各个流程中发布相关宣传微博，通过微博的转发、评论、点赞与观众进行互动，并通过透露与节目相关的资讯以及背后的花絮故事，吸引观众的关注，引发猜想与讨论，为节目提升热度。此外，弹幕、评论功能的运用让观众可以发表对节目的感受，还能扩宽观众的交流渠道，形成实时交流的空间，让观众在其中找到志同道合的音乐知己。例如，爱奇艺为节目打造泡泡圈社交圈，开展弹幕接龙、打卡盖楼、粉丝福利等多项活动，并打通线上线下互动，直播明星生日会，举办"尖叫之夜"、演唱会等线下活动，提升用户黏性，让观众深度参与到节目中，获得沉浸式的音乐体验。

正是这些多元化的互动手段的运用，直接、最大化地调动了观众的积极性，让观众在良好的互动体验中更长时间地聚焦于节目。这些互动手段成为当前音乐类综艺节目增强观众黏度的利器。

（二）全媒体网状传播提升节目黏性

媒介平台与技术对音乐类综艺节目的传播形式有巨大的推动作用。《一起音乐吧》的节目总制片人曾指出："音乐节目要火就三个事，出一首歌被传唱，出一个人被大家记住，出一件事被大家所谈论。"[1] 一档成功的音乐类综艺节目不仅需要优质的节

---

[1] 晴栀：《推红人、出金曲、造话题，音乐节目的破圈方法论》，见腾讯网（https://new.qq.com/rain/a/20200411A0RNYL00），2020-08-03。

目内容，更需要合适的传播形式，以制造话题、提升节目黏性，从而提高大众对节目的认知度。回顾 2019 年，根据微博综艺统计数据，热门的音乐类综艺节目都在热门话题中占据重要席位。例如，《创造营》有 182 个话题登上微博热搜、主话题阅读量超 224.5 亿，由此衍生大量话题，吸引上千万甚至上亿的阅读量，引发热烈讨论；《明日之子》微博热搜上榜 127 次、知乎热搜 22 个、讨论热度破亿；《我是唱作人》上热搜榜 127 次、引爆 91.5 亿的阅读量；《乐队的夏天》上热搜榜超 60 次、主题阅读量超 40 亿。① 同时，青创头条数据团队利用大数据技术监测获得的数据显示，2019 年中文互联网音乐类综艺节目有 44 万余条内容。在热门音乐类音乐综艺节目中，《创造营》有 17712 篇报道，占整体报道量的 21.9%；《青春有你》有 13325 篇，占整体的 16.4%；《乐队的夏天》为 10529 篇，占整体的 13%。②

上述数据表明，热门"出圈"的音乐类综艺节目为了扩大节目覆盖率、提高节目点击率，不仅在内容上下了功夫，还不遗余力地利用媒介平台对节目进行宣传推广、选取适合的媒介平台让节目拥有更广泛的传播渠道，对节目进行全媒体网状式传播，大大增强了节目的覆盖率、提高了观众的黏性。

以《经典咏流传》为例，节目将音乐和传统诗词结合，为观众带来美轮美奂的视听盛宴的同时获得了观众较高的评价。除了优秀的节目内容外，它采用的"1+4"融媒体跨屏互动的传播模式也是一大亮点。节目在电视上播出之前，制作组为节目中的每一首歌都定制了微信公众号文章、节目短视频，并通过新媒

---

① 柳成枝：《复盘 2019 中国音乐综艺，我们总结了圈层爆款的方法论》，见钛媒体（https://www.tmtpost.com/4232790.html），2020-08-03。

② 中国青年网：《青创独家｜2019 年度音乐综艺传播影响力排行 TOP10》，见搜狐网（https://www.sohu.com/a/378700333_119038），2020-08-03。

第五章　音乐类综艺节目的未来发展趋势探究

体互动、歌曲音频联动传播的方式，突破电视节目的时空限制，在节目播出时还让观众通过微信"摇一摇"参与互动，实现大屏小屏联动，产生了裂变式的传播效果。每一首歌都与千万人次的观众进行了跨屏互动，节目蕴含的文化、情感得以更广泛地传播出去，让节目有了更多样化的传播形式，扩大了节目的影响力。

多元化的传播媒介让大众的信息获取、整合有了更大的空间，大众日常从媒介平台获取信息，再通过自我逻辑连接，生成立体的新的认知与意义。媒介平台上的信息也会影响观众的认知与价值判断。有调查显示，综艺节目的观众经常会通过节目的官方微博、微信平台或是自媒体 KOL 等渠道看到节目实时信息与周边信息，这些信息很有可能激发他们对节目的兴趣，促使他们观看节目，并在观看节目的过程中或结束后在社交网络上对节目进行评论，或是与人分享对节目的看法，进行互动，参与节目话题讨论等，由此又产生二次传播，甚至是三次、四次传播。这些依靠观众自发形成的口碑传播，大大提升了节目的传播效果。由此可见，社交媒体可对节目传播产生巨大的推动作用。

在当前的社交媒体中，新浪微博作为拥有极其大量用户的信息分享与交流平台，对音乐类综艺节目的传播推广有着举足轻重的影响。当前的音乐类综艺节目多是季播节目，一周播出一期，运营周期较长，为了在这段时间内一直保持节目的关注度与热度，微博成为重要的传播渠道。节目可以通过微博发布节目的相关信息，对每期节目进行话题预热，营造微博热搜话题，并与观众进行互动，吸引一批忠实的观众。例如，《梦想的声音》在播出前就通过微博发布图片营造节目嘉宾的悬念，又通过让微博用户在评论中参与竞猜讨论再定期揭晓的互动，在节目播出前就吸引了一批潜在的观众。《蒙面唱将猜猜猜》中，"尖耳朵的阿凡达妹妹"的身份引发了一场全民大猜想，当月微博提及量达到926885条。节目组还会将一些精彩片段、优质曲目、趣味花絮等剪成短视频在微博上投放，通过这些精华亮点，吸引更多新观众。例如《我想和你唱》中，张韶涵和素人的合唱引发集体怀旧，让不少新观众发现这档节目的魅力。《梦想的声音》中林俊杰改编的《女儿情》的片段在微博上被广泛分享与转发，也为节目增加了不少关注度。这些对社交媒体传播渠道的利用，丰富了音乐类综艺节目的传播矩阵，让节目更好地实现了大众传播，大大提升了节目黏性。

随着人工智能与大数据技术的深入发展，许多媒介平台都开发了针对用户喜好的精准化推荐的功能，这使得节目在构建全媒体网状传播的过程中，能利用海量数据进行分析，进一步实现精准化传播，进一步提升节目与观众之间的黏性，让观众沉浸在与节目相关的资讯中，激发他们对节目的兴趣。

三、技术进步推动节目制作大规模趋势化升级

科学技术高速发展，新技术层出不穷，科学与艺术相互影响、相互融合，艺术科学化、科学艺术化是当前的一种发展趋势，科学赋能艺术更多的表现形式，艺术也在启发、促使科学不断发展。在综艺节目领域，科技的进步让节目制作者们不断更新制作观念，推动节目制作的升级。随着5G技术的不断成熟，4K、8K等超高清视频将成为未来的趋势。同时，5G的高速率将在很大程度上方便VR、AR等技术的运用，加强节目的沉浸感，提升观众的观看体验，助力节目的发展。科技的进步给音乐类综艺节目的制作与呈现提供了无限的可能性，制作者们可以借助科技打造出许多令人难忘的视听奇观，提升音乐类综艺节目的竞争

第五章　音乐类综艺节目的未来发展趋势探究

力。在技术进步的引领下，未来的音乐类综艺节目可能会引发制播流程创新、多媒体技术升级打造视听观两大潮流。

（一）技术进步赋能制播流程创新

近年来，新的技术不断改变着传媒业态。在2018年的全球家庭互联网大会上，丁文华院士表示，视频消费已经成为我国社会生活的核心需求。视频内容更追求质量、强调体验，节目制作者们面对观众对提升节目质量和体验感方面的迫切需求，需要借助各种新技术，丰富观众的观看体验。[①] 2018年的艾瑞咨询《中国综艺行业报告》指出："高科技应用及制作精细化，推动综艺节目技术革新。"[②] 在各种新技术的助力下，节目制作者有了更丰富的选择，节目制作者不断利用新技术探索综艺节目的边界，让综艺节目的制播流程有了巨大的创新。国内学者从技术和用户的角度，提出当前媒体正逐渐发展成"智能媒体"，技术发展对综艺节目的制播推进，一方面体现在拍摄设备、舞美技术等硬件层面，另一方面则是通过人工智能、大数据技术的运用，对节目传统制播流程进行创新。

内容一直是综艺节目行业最为重视的发力点，为了对优质节目内容进行深度开发，节目制作团队开始利用新技术对节目制播全流程进行集中管理。爱奇艺的CEO龚宇曾表示，爱奇艺的愿景是做一家以科技创新为驱动的娱乐公司，因此，爱奇艺使用AI技术来研究内容、用户与合作伙伴的需求。龚宇指出："目前人工智能的算法已经贯穿爱奇艺剧本创作、选角、流量预测、审

[①] 众视媒体：《丁文华：满足4K/UHD的未来家庭网络环境》，见众视DVBCN（https://mp.weixin.qq.com/s/S6NTlJYrCxxUl0T9BRDkRg），2020-08-03。

[②] 吕红星：《〈2018年中国综艺行业报告〉发布》，载《中国经济时报》2018年5月23日A6版。

核、编码、剪辑、运营、搜索、推荐、宣发、热点预测、热点提取、追星、广告投放、在线交互等诸多环节。"①

音乐类综艺节目也将新技术运用到节目的整个制播流程中,尤其是大数据技术的运用在节目制播流程的创新中发挥了巨大作用。不论是营销行业还是综艺节目行业,市场的需求一直都是最有效的指向标,以大数据、人工智能、云计算为代表的新技术,能够更好地收集各种市场需求信息。通过这些技术,节目组可以紧跟市场需求、把握市场走向,制作出更受目标观众喜爱的内容,并不断优化节目制作环节。

在音乐类综艺节目的策划初期,制作者可以利用大数据等新技术,对市场热度、节目话题进行预测,对节目的走向与效果进行预判,并结合各类数据与节目特色制定出预选嘉宾序列。例如在策划《中国有嘻哈》时,制作组就曾利用人工智能结合大数据分析来预测嘻哈题材的火热度。选曲对于音乐类综艺节目有着巨大的影响,《我是歌手》曾有观众不满节目选曲的问题,因此,现在的音乐类综艺节目会注意利用各个渠道,收集观众反馈的意见来进行选曲。例如,《天籁之战》与网易云音乐合作,让观众直接在客户端选择自己想听的歌曲,对数据进行统计分析,帮助节目选曲,使得节目中的歌曲更能被观众所喜爱。在节目的录制过程中,节目组能利用新技术对内容素材统一管理,方便根据不同的投放传播平台进行分众化的剪辑,便于推广过程中根据不同平台的特色进行二次创作,让全媒体传播走出同内容传播的旧模式。在播出传播过程中,音乐类综艺节目借助 AI 技术进行智能推送,将节目相关宣传信息精准推送给不同群体,根据不同

---

① 张玉涵:《爱奇艺打造音乐综艺全布局的背后:产业联动的常态化》,见犀牛娱乐(https://mp.weixin.qq.com/s/ruOG9iaWWuFDLOrH8S8cJA),2018 – 01 – 29。

的用户画像对节目推广内容进行差异化展现。此外，对于观众在观看节目时的反馈评论，也能通过新技术即时反馈给节目制作团队，让节目组找准观众喜好，及时对节目进行调整。这些节目制播流程的创新大大提升了音乐类综艺节目的质量，让节目能更好地满足观众多元化的需求。

（二）多媒体技术升级打造视听奇观

对于音乐类综艺节目而言，虽然音乐主要是通过听觉传播的，但是视觉能让人们更直观、更生动地感受音乐的魅力。近年来，音乐在发展过程中越发重视视听的结合，从早期的音乐唱片封面、音乐MV到现在的音乐类综艺节目，都体现了视觉表现力对音乐的重要性。人作为有多种感官的有机生命体，视觉是人们更主要的信息获取方式之一，音乐类综艺节目通过不断提升视觉美，可以更好地营造音乐氛围、激发观众的艺术通感、带来更好的美学体验。

近年来，音乐类综艺节目在提升视听表现力上下了不少功夫。例如，在江苏卫视的《嗨，唱起来！》中，节目组打造了360度的环绕立体声舞台，为100个素人歌手每人打造了一个K歌间，并将这100个K歌间360度立体均匀地分布在圆形舞台的周围，让素人歌手都能在这个空间中与明星合唱，当这些K歌间的歌声汇聚在一起时便带来了十分震撼的效果。同时，节目还运用灯光设计，让整个舞台像一个巨大的共鸣箱，打造出沉浸式的视听效果，激发人们想要参与其中、一同放声歌唱的欲望。在江苏卫视的《盖世英雄》中，节目制作者与微鲸科技合作，运用了多机位、360度3D全景光场技术以及VR技术，真实地还原了节目现场的热烈气氛，让观众透过屏幕也能感受到节目中电子音乐的震撼美感。这些音乐类综艺节目中的视听奇观，都离不开多媒体技术进步带来的支持。

20世纪80年代后,信息技术日新月异,视频、音频技术日益成熟,多媒体技术也随之发展,并被广泛运用。多媒体技术指的是利用计算机来对文本、声音、图像等多媒体信息进行综合处理的技术,通过将多种信息直接建立逻辑联结,从而形成一个有交互性的系统。许多原本停留在观念上的美学设计,都可以通过多媒体技术呈现出来。随着多媒体技术的不断发展,多媒体影像成为综艺节目中的重要表现形式,它能呈现出更为丰富且有层次变化的视觉效果,让综艺节目摆脱千篇一律的表现形式。我国最先运用多媒体技术的电视节目当属中央电视台的春节联欢晚会,2005年中央电视台引入了LED视频影像技术,2009年运用了投影技术,2013年开始使用AR增强现实技术,2015年又大胆尝试全息投影技术,多媒体技术的运用给全国观众留下了许多难忘的视听奇观。多媒体技术为节目的舞台表现形式拓展出巨大的发展创新空间。

近年来,多媒体技术更是被广泛运用在音乐类综艺节目中,极大地提升了音乐类综艺节目的表现力。从舞台灯光、LED屏,到动态影像,再到3D投影、VR、AR等新技术,多媒体技术帮助舞台实现信息化、数字化,给观众制造更强的沉浸感、在场感、互动感,让音乐类综艺节目的舞台呈现出更炫目的奇观效果。

首先是LED技术的运用。LED电子显示屏有极强的视觉表现力,并且具有较高的虚拟性与灵活性,可以利用它形成不同的光学效果,能够表现实景、模拟自然效果以及一些虚拟的视觉效果,打造出半沉浸式的视觉呈现,更生动、真实地表达舞台想要传递的思想,为音乐类综艺节目的舞台表现挖掘出更多可能性。例如在网易云音乐推出的《国风极乐夜》中,节目制作者将

第五章　音乐类综艺节目的未来发展趋势探究

LED电子显示屏设计成山川的形状，通过背景主屏幕、侧屏、返送屏与舞台中央的开合LED屏、升降台LED屏进行配合，营造出中国传统水墨画中绵延起伏的山形，制造出山水画奇观式的舞台效果。同时，3D投影技术的运用，也让音乐类综艺节目的呈现更具表现力。随着审美水平的提高，人们不再满足于平面的影像，开始利用干涉、衍射原理的3D投影技术再现物体的三维图像，使得画面更加直观、立体。将3D投影搬到音乐类综艺节目的舞台上，观众可以看到三维立体的虚拟物体或者人物，例如，《经典咏流传》中就通过3D投影技术将邓丽君的形象展现在舞台上，让音乐舞台有了更真实、立体的艺术效果。

AR技术也同样被音乐类综艺节目多次运用，它能让节目的氛围更加活泼生动。AR增强现实技术通过科技手段把合成的虚拟影像与现实融合。不同于传统音乐节目舞台相对单一固定的二维平面影像，在AR技术下，通过摄像头、传感器等多媒体设备，能将虚拟画面与音乐表演者的动作结合，让表演有更多实时交互性，带来更强的视觉刺激，在舞台上呈现出更有融合性、艺术性的视觉效果，也让观众更好地理解音乐所传达的情绪。例如，在2019年江苏卫视的跨年音乐会上，节目组在《达拉崩吧》的表演中利用AR技术制造了虚拟人物洛天依与表演者进行同台唱跳表演的效果，利用AR技术捕捉表演者的肢体影像，再用AR后期合成技术让洛天依的影像与表演者在屏幕上形成互动，营造了很好的舞台视觉表现力，吸引无数观众的眼球。此外，近年来，VR技术不断进步，通过VR技术创建和体验模拟的虚拟世界，也可以触动用户的感觉神经。在VR视角中，观众眼前的事物完全被VR虚拟世界取代，能通过各类外界辅助设备来感知这个虚拟世界中的事物，与虚拟世界中的对象进行交互，而不是仅通过屏幕观看，这种身临其境的感觉能带来极致的沉浸体验。VR 技术也会被逐渐运用到音乐类综艺节目中，让观众体验超沉浸的视听奇观。

技术的不断进步，给节目制作与观众带来更多的想象空间，相信未来音乐类综艺节目的呈现形式还会更丰富多元，将为观众呈现出更多的视听奇观。

第三节　传播效果趋势上引领本土文化价值实现

随着我国国力的不断提升、文化自信不断增强，我国的综艺节目经历了从照搬国外综艺模式到原创逐渐兴起的变化。与过去的过度追求娱乐效果、同类节目泛滥成灾的情况相比，现在我国的综艺节目环境有了很大的改善，节目制作者们开始回归本土文化，在传播时注重发扬本土特色、引领本土文化、弘扬本土积极的价值观。在音乐类综艺节目领域同样如此，我国观众对节目的审美水平不断提升，音乐类综艺节目过去一味迎合大众的娱乐需求，消费外貌、名气、流量、人设的模式已经不再受到广泛欢迎，节目制作方开始更注重文化生态的建构，对本土文化价值进行深入挖掘，在传播上更注重传承优秀的本土文化，传递健康积极的价值观，以富有审美趣味与文化内涵的节目浸润大众心灵。具体来说，有从过度娱乐到传播本土优秀文化的转变；弘扬本土文化，增强文化自信；坚持正确价值引领，弘扬正能量的思想三个具体的趋势。

第五章 音乐类综艺节目的未来发展趋势探究

一、从过度娱乐到传播本土优秀文化的转变趋势

(一) 娱乐至上型综艺节目不再受到瞩目

我国早期的电视文化是以精英文化为主导的,在改革开放以前,电视普及度还不高,传播的是高度理想化、政治化的文化。20世纪以来,随着经济的高速发展,人们的物质生活水平大大提升,电视快速进入家家户户,电视文化逐渐走向世俗化、市民化。与此同时,人们的生活节奏也随着社会的高速运转而不断加快,随之而来的越来越大的生活压力,激发了人们对娱乐的渴求,人们非常需要一个渠道来释放压力,审美趣味也开始追求更简单直接、通俗娱乐、轻松快乐的内容。主要研究大众娱乐与流行文化史的学者罗伯特·C.艾伦指出:"在大多数情况下,人们打开电视只是为了消遣和娱乐,看看情景喜剧、肥皂剧、戏剧、音乐电视、电影、体育报道、智力竞赛节目……目的是要提供我们如下所谓各种各样的情趣(以下用词不免模糊):身心放松、心理逃避、享受、愉悦、消遣或者诸如此类。"[1]《娱乐至死》中指出:"人们看的以及想要看的是动感的画面——成千上万的图片,稍纵即逝然而斑斓夺目。"[2] 为了进一步满足大众的娱乐需求,以娱乐为目的的电视综艺节目随之诞生。综艺节目把一切抽象、复杂的事物具体化、生动化,挖掘人们日常生活的各个方面,从中找到娱乐的趣味点,并通过各式各样的视听手法呈现出

---

[1] 罗伯特·C.艾伦著,麦永雄等译:《重组话语频道》,中国社会科学出版社2000年版,第20页。

[2] 波兹曼著,章艳译:《娱乐至死》,广西师范大学出版社2004年版,第120页。

最简单直观的感官刺激,让观众能迅速从中获得娱乐带来的快感。

在过去,新闻、电视剧、综艺节目被称为拉动电视台收视的"三驾马车",尤其是综艺节目,一直是各大电视台赢得收视率的重要武器。在21世纪这个消费主义盛行的时代,在商业利益的刺激下,综艺节目制作团队往往将经济效益放在首位,他们想方设法吸引观众的目光,以赢得广告商的青睐。早在20世纪,就有人提出,文化工业凭借自己的力量,把艺术转换为消费领域的东西,只承认效益,破坏了艺术本性。本来,优秀的作品需要具有一定的艺术性和思想性,但是为了最大程度地提升收视率,各个综艺节目制作团队将综艺节目的娱乐本性发挥到极致。这几年来,各式各样的综艺节目被引进、被制作,从相亲求职、竞技答题、歌手PK到室内外真人秀、生存挑战等,令人眼花缭乱。音乐类综艺节目中,各种流量明星充斥着舞台,台下的粉丝疯狂呐喊,大家都沉浸在这种娱乐狂欢中。

(二)过度娱乐的弊端显现,推动转变

在娱乐至上的风气之下,我国的综艺节目中出现了过度强调娱乐元素的现象。自1998年湖南卫视推出《快乐大本营》获得惊人的收视率后,各式各样的娱乐综艺节目如雨后春笋般涌现,各个电视台纷纷推出同类同质的节目。尤其是在音乐类综艺节目领域,自从2005年《超级女声》点燃全民选秀热情后,各大电视台争相模仿,选秀节目让人应接不暇。一方面,这些高度追求娱乐的节目,在节目内容、节目形式、拍摄手法等方面高度雷同,为了快速抓住观众的眼球,追求热点制造噱头,通过制造话题、争议来增加讨论度,不追求传播音乐的美与音乐文化,忽视音乐本身,有的节目甚至出了买选票、贿赂评委等丑闻。这些跟

第五章　音乐类综艺节目的未来发展趋势探究

风扎堆出现、过度娱乐化的节目，很快就让观众的新鲜感与热情不再，引起了他们的审美疲劳，甚至催生出反感、厌恶的情绪，快速消耗了音乐类综艺节目的魅力，随之而来的就是收视率的下降。另一方面，这些节目只停留在对感官的刺激上，缺乏思想深度与智力内涵。娱乐虽然能帮助人们驱散疲惫、排解郁闷，能带来可观的经济效益，但是娱乐也有高低之分，过度的、浅层的娱乐虽然能让人得到一时刺激，却不足以让人获得真正的满足，对于观众的心灵陶冶、情操塑造更是毫无作用。随着观众审美的不断提升，这些不"走心"的快餐式节目已经很难获得长远的发展。

综艺节目要想提高生命力与竞争力，必须正视自身价值观输出与精神启迪的使命，在审美上不仅要满足观众的需求，更要用优质的、有文化内涵的、有价值的内容去引导观众。节目制作者需要意识到综艺节目对大众文艺普及、审美提高有着不可小觑的影响力，因此，节目制作者必须转变娱乐至上的节目理念，综艺节目在保留娱乐性、大众性的同时，也需要不断提高品位、提升节目的文化价值与社会价值、传播优秀文化与价值观，从而对观众形成正面引导。

近年来，不少注重文化传播的综艺节目收视口碑双丰收，从中央电视台《歌声飘过40年》节目的广受好评，到《经典咏流传》的广为流传，证明了具有文化内涵、彰显正能量才真正是节目发展的康庄大道。音乐类综艺节目也开始从娱乐至上回归到传播本土优秀文化的正路上，在注重商业化利益的同时，不再只盯着收视率，而是将社会效益看作节目效果的重要指标，弘扬本土优秀文化，弘扬主流价值观、人文关怀与时代精神，传播音乐文化知识，提升观众的音乐文化素养，成为观众与音乐文化之间的桥梁。

二、弘扬本土文化,增强文化自信的趋势

(一)树立文化自信,加强文化担当

哈佛大学教授塞缪尔·亨廷顿曾指出:"成功的经济发展给创造出和受益于这一发展的国家带来了自信与自我伸张。"① 在经历了改革开放以来几十年的高速发展后,我国的综合国力大大提升,从一百多年前的委曲求全到现在的富强兴盛,中国人也逐渐摆脱了面对西方文化时的自卑心理,开始恢复并树立对中国传统文化的信心,爆发出本土文化的内在力量,实现自我文化价值的复归。党的十七届六中全会提出要"培养高度的文化自觉和文化自信,提高全民族文明素质,增强国家文化软实力,弘扬中华文化,坚持中国特色社会主义文化发展道路,努力建设社会主义文化强国"②。中国走向世界的根本,就是要站在自己的文化土壤上,一代一代坚守下去。人们的文化自信往往源于本民族所创造出来的对世界文化有深刻意义的成果,因此,我国的媒体应该充分挖掘本土文化的内在爆发力,帮助大众树立文化自信,在节目中加强文化担当。

综艺节目拥有广泛的受众群体,也肩负着传播文化的责任,而缺乏文化自信与文化担当正是我国综艺节目陷入困境的原因之一。回顾前几年大部分热播的综艺节目,要么是从国外引进版

---

① 塞缪尔·亨廷顿著,周琪等译:《文明的冲突与世界秩序的重建》,新华出版社2002年版,第109页。
② 参见《中共中央办公厅 国务院办公厅关于印发〈国家"十二五"时期文化改革发展规划纲要〉的通知》,见学习强国(https://www.xuexi.cn/lgpage/detail/index.html? id =10479213398146898155),2020-08-03。

第五章 音乐类综艺节目的未来发展趋势探究

权,要么是直接照搬其节目模式。然而,这些从国外买来的节目模式,往往只追求娱乐化、追求文化猎奇,难以真正挖掘出中国本土文化的内涵。尤其是音乐类综艺节目,虽然样式层出不穷,但往往只顾及娱乐性、追求收视率,缺乏对我国本土音乐文化的挖掘与表达,在普及音乐知识、提高受众音乐素养方面十分欠缺。同时,在节目中大量引入外来音乐文化,不利于发展我国本土的音乐文化特色。近年来,文化自信逐渐深入人心,越来越多的人呼吁扭转版权逆差,制作有本土文化特色的节目,实现文化输出。

音乐类综艺节目制作者要意识到文化担当的重要性,明白音乐类综艺节目身负传播音乐文化知识,传承中华民族优秀音乐文化的责任。要想传播音乐文化,首先就需要培养观众的文化认同感与自信心,这样才能改变观众被动接受的状态。而中华民族一直有着强有力的文化认同感,弘扬中国本土文化与价值观的内容,对观众具有天然的感召力与亲和力,容易引起共鸣。节目制作者要在传播我国优秀文化内容的基础上,对艺术表达的形式进行反复打磨、保持本土音乐特色,同时积极创新,实现音乐文化的广泛传播。例如在中央电视台推出的《正午课堂》中,既有音乐表演也有音乐讲坛,邀请致力于中国民族民间音乐研究的音乐学家田青,让他用大众化的方式对音乐背后的故事、文化进行讲解,让知识与各路音乐家的民族音乐表演有机融合,让观众在美好的审美体验中了解音乐背后的文化价值,从而逐渐树立对我国民族音乐的文化自信。现在,越来越多的音乐类综艺节目开始在节目中注入本土文化元素,弘扬本土文化自信。

(二)增强节目底蕴,弘扬传统文化

随着我国文化自信的不断增强,中国传统文化再次得到国人的关注。改革开放以来，我国开始复兴传统文化，出现了"唐装热""读经热"，并在世界掀起"汉语热"等热潮，内容创作者们也开始重视传统文化元素的运用。在音乐创作领域，我国传统音乐文化丰富多彩，从京剧、昆曲、河北梆子等曲艺音乐到有民族特色的声乐器乐都是很好的灵感源泉，也是根植在中华民族儿女骨血里的文化元素，能很好地激发大众的亲切感与共鸣感。因此，大量具有浓郁中国传统文化元素的音乐，如《黄河源头》《回到拉萨》《霸王别姬》《长城长》等都受到大众的欢迎，在国内逐渐掀起新民乐风潮，不少地方办起新民乐演唱会。人们不再以西方文化为尚，开始意识到中西方音乐并无高下，我国的传统音乐文化也有着无穷的魅力。

近年来，我国的文化软实力不断提升，人们也愈发重视对传统文化的挖掘与弘扬。2019年，华语数字音乐市场有两大关键词——原创和国风，国风类曲目数量在当年非流行曲风新歌榜中排行第一，包括《无羁》《雨幕》《初见》《醉仙美》等歌曲，第二至四名分别为由国外流行趋势引入的摇滚、电子舞曲、嘻哈。[1] 国风音乐是指有中国传统文化元素的音乐，由古风歌曲发展而来。古风歌曲常以半文半白、意境典雅的歌词配以琵琶、古筝等传统器乐，在部分年轻受众群体中备受喜爱。后来，古风歌曲融合了流行音乐、民谣等音乐类型的一些特色，拓宽了外延，曲风更丰富，发展成为国风音乐。这些国风音乐之所以具有强大的生命力与感召力，是因为它是对数千年来中华民族优秀传统文化的传承与扬弃。

---

[1] 刘翠翠：《从〈2019华语数字音乐年度报告〉看音乐综艺的走向》，见影视产业观察（https://mp.weixin.qq.com/s/DFwHvSm3FISuT1WhzGo3vA），2020-08-03。

第五章 音乐类综艺节目的未来发展趋势探究

国风音乐的火热离不开音乐类综艺节目的推动。传统文化拥有巨大的开发空间，音乐类综艺节目制作者肩负着文化传承的使命，音乐类综艺节目是发扬中国本土特色音乐文化的重要载体，节目制作者们开始通过制作有传统文化底蕴的节目，传承文化、传播信念。许多歌手在音乐中加入传统音乐元素，让音乐层次更为丰富，让观众更熟悉优秀传统音乐文化，从而对传统音乐文化进行保护、传承，提升大众的音乐审美水平，提升有我国特色的音乐的国际影响力。

在《梦想的声音》节目里，从伴奏的乐器到歌曲唱法都更加注重传统民族音乐与流行音乐的融合，在流行曲目中加入了古筝、古琴、笛子、埙、琵琶等传统器乐，在唱法上也融入了蒙古族的呼麦、京剧的韵白、彝族的山歌等形式。例如，林俊杰在《像我这样的人》中，用鼓声营造出大浪淘沙的意境；小葱组合的《墨梅》中运用箫和古筝，增强了音乐的层次感；彝族歌手沙马五各用原生态的民族唱法将《不要怕》演绎得更真诚生动，直击观众内心。《叮咯咙咚呛》以非物质文化遗产为核心，节目让24位中外明星走访中国各大非遗发祥地，与非遗民间文化传承人组队一起创作音乐作品，例如，宁静与秦腔艺术表演家张小亮以秦腔形式表演《黄土高坡》、彭佳慧用楚剧来表现《相见恨晚》，都获得了惊艳全场的效果。这些音乐类综艺节目改变了传统文化的表现形式，将传统音乐文化与流行音乐相融合，让古老与时尚在碰撞中激发出巨大的火花，让传统文化再次大放异彩，不仅激发了观众对传统文化的兴趣，也让音乐类综艺节目的品质不断得到提升，获得了极佳的传播效果。

（三）提升本土化意识和中国式表达

本土化的概念是经济全球化所带来的。随着经济全球化的不断加深，不少西方发达国家将西方的意识形态附加在电视节目模式之中输出，实际上是新的隐蔽性的文化策略，会对处于弱势地位的输入国产生潜移默化的影响。近年来，我国从国外引入了不少节目模式，过度引入会导致国内节目原创力变弱，本土节目直播空间受到挤压，甚至出现文化渗透不均衡，同化本土文化的问题。在经济全球化时代，文化产业兼具娱乐、审美以及意识形态的功能，我们需要摆脱西方文化霸权的影响、提升本民族文化的认同感与影响力。当然，对外来文化，我们也不应一味持拒绝态度，而应对其进行本土化改造。

尤其是音乐类综艺节目，作为最受大众欢迎的节目类型之一，面对当前特殊复杂的媒介环境，在文化全球化的冲击下，音乐类综艺节目的制作者们除了追求娱乐带来的经济效益外，还要肩负起树立文化自信的使命，对于外国文化以及一些舶来的节目模式，要思考如何将其本土化，利用这些理念和技术，实现中国式的表达，展现中国人的文化与情感。美国学者 J. 斯特劳哈尔在《超越媒介帝国主义：不对称的相互依赖与文化接近》中首次提出"文化接近性"概念，指出受众基于对本地文化、语言、风俗等的熟悉，较倾向于接受与该文化、语言、风俗接近的文化产品。[1] 因此，音乐类综艺节目的制作者们在制作节目时更应立足本土文化，打造出既有本土特色又有世界眼界的优质节目。

音乐类综艺节目的本土化可以包括两方面，一方面是对外来音乐文化的本土化。以《中国有嘻哈》为例，嘻哈音乐是根植于美国黑人文化的音乐，不同于中国含蓄内敛的表达方式，美国黑人文化中表达感情多是用比较直接的方式，并且追求感官刺

---

[1] 见于李宇：《新兴媒体背景下中国影视产品走出去研究》，中国广播影视出版社 2019 年版，第 107 页。

第五章　音乐类综艺节目的未来发展趋势探究

激,因此,嘻哈文化中有大量涉及黄赌毒的元素,这与我国的文化背景、法律环境存在冲突。《中国有嘻哈》对嘻哈文化进行了本土化改造,例如选手在嘻哈音乐作品中加入了大量有地域色彩的元素,如方言等。节目冠军 GAI 的作品中大量运用重庆方言,一句"勒是雾都"广为流传,并积极传达重庆特色,如火锅底料、茶馆、重庆人的气节等,还将中国传统文化元素融入其中,如空城计、一百零八将、斩马刀等,让许多不熟悉嘻哈文化的人也能迅速找到共鸣点。正是这种对外来音乐文化的改造和本地化的融合创新,打造了具有中国特色的嘻哈文化,让嘻哈文化成功"出圈"。

音乐类综艺节目本土化的另一方面是对外来节目模式的本土化。虽然我国近年购买了大量外国节目的版权,但国外的节目中往往会设置更多冲突矛盾,形成刺激。以《中国好声音》为例,在中国宽容和谐的文化氛围下,在价值内核上更突出励志和梦想的主题,通过表现这些素人选手对音乐梦想的不懈追求,激发观众内心对追求梦想的共情。这十分符合当下中国社会发展中强调的我们都是追梦人的社会思潮。同时,节目不仅仅注重表现好声音,还传递了许多好故事。节目制作团队筛选选手们的故事,从中抓取最能引起共鸣的部分,这十分贴合我国观众的欣赏习惯与接受模式。此外,不同于国外版节目极度强调个人主义,《中国好声音》在节目中加入许多亲友陪伴和鼓励的环节,并在导师战队中营造出家庭的氛围。这些亲情、友情、爱情等元素的加入,也更符合中国人的价值观,展现出中国的集体主义精神与家文化。正是这些本土化的改造,让节目真正打动人心,从而达到国民级节目的传播效果。

三、坚持正确价值引领，弘扬正能量的思想趋势

（一）节目平衡社会责任与经济效益

回顾我国综艺节目价值取向多年来的发展脉络，其演变趋势与大众价值观、价值体系的变化轨迹是趋同的，由此可见，社会大众的价值需求是综艺节目模式演变、内容创新的重要动力。但是，价值需求既可以被发现、被满足，也能够被引领、被创造。

前几年，在消费主义以及娱乐至上观念的影响下，不少节目制作者都将节目收视率放在首位，以期获得更多经济利益，因此，一味迎合观众的娱乐本性，想方设法地制造卖点，通过迎合或打造各种热点来吸引观众眼球，节目成了一种消费品，而忽视了节目原本应该承担的社会责任。这导致大量形式单一、缺乏深度的快餐节目充斥各平台，观众可能一开始觉得有趣，但看完后却发现没有任何值得回味的地方。综艺节目拥有广泛的收视群体，尤其受到价值观尚未定型、较为欠缺鉴别能力的青少年的欢迎，他们会去模仿节目中的表演或嘉宾的行为。因此，综艺节目除了提供娱乐以外，更要肩负起社会责任，向观众传递正确的价值观，并引导他们形成积极健康的审美。

国家也大力倡导节目制作者要创造更多既能满足观众需求，又要有益于大众身心健康的优质节目。2017年，国家新闻出版广电总局在《关于把电视上星综合频道办成讲导向、有文化的传播平台的通知》中要求"进一步强化电视上星综合频道的公益属性和文化属性"，"要坚持以文化人、以文育人，挖掘利用中华优秀传统文化、革命文化和社会主义先进文化资源，结合新的时代特点和实践要求，制作播出更多有思想深度、精神高度、

第五章　音乐类综艺节目的未来发展趋势探究

文化厚度的文化类节目"。① 从政策层面再次强调了节目制作者的社会责任。

音乐类综艺节目作为综艺节目中的重要部分，具有较强的感染力，能让观众在节目中产生共情与共鸣。当下的音乐类综艺节目制作者，在争取满足观众娱乐需求，让他们放松身心的同时，也在努力通过节目向大众传达出正确的人生观、世界观、价值观以及积极向上的人生态度与信念，努力让节目在消遣之外传达出更多更深刻的内涵。音乐类综艺节目要兼顾娱乐性与思想性，展现社会主流价值观，抵制过度商业化带来的负面影响，将社会效益放在首位，平衡好社会责任与经济效益，积极承担起引导大众与传递价值的社会责任，让音乐类综艺节目成为大众获取优质艺术文化知识、培养审美情趣的好选择，也由此来保证音乐类综艺节目在消费主义和娱乐至上的浪潮中不致迷失方向、保持良性发展、有效提升音乐类综艺节目的感召力与生命力。

（二）提升节目审美品位，寓教于乐

观看影视作品尤其是综艺节目是当前大众休闲娱乐的重要途径，节目中传递的内容、文化、价值观往往在各种包装手段下会有较强的感染力，对观众的认知、价值判断以及行为会有潜移默化的影响。因此，节目在引领价值导向、提升大众审美品位上有着重要作用。习近平总书记指出，"必须把创作生产优秀作品作为文艺工作的中心环节，努力创作生产更多传播当代中国价值观念、体现中华文化精神、反映中国人审美追求，思想性、艺术

---

① 见于武玉辉、刘承嫴、刘毅：《娱乐法律法规汇编》影视卷（上），中国电影出版社2018年版，第496页。

性、观赏性有机统一的优秀作品。"① 还强调要"做好美育工作，要坚持立德树人，扎根时代生活，遵循美育特点，弘扬中华美育精神，让祖国青年一代身心都健康成长。"② 因此，综艺节目制作者承担社会责任的首要任务就是不断提升节目的审美品位，创造美，传播美，寓教于乐，用优秀的节目引领大众一同进步。

在音乐类综艺节目激烈竞争的当下，人们对节目的评论维度也不再仅仅局限于收视情况这一点上，还要看节目的影响力与美誉度。因此，音乐类综艺节目制作者开始在提升节目审美品位方面发力，节目既要传播音乐文化，还要寓教于乐，让观众在享受节目带来的愉悦、得到放松的同时还能有所启发。音乐类综艺节目的发展离不开优质的音乐艺术资源。在这个流行音乐与通俗音乐主导音乐行业的时代，为了更进一步提升节目审美品位，音乐类综艺节目可以从经典古典音乐、民族音乐中寻找灵感，把国内外优秀音乐文化融入到节目之中，再从节目的形式、内容等方面发力，将这些原本不够大众化的音乐文化与大众文化融合，打造出更富有内涵的节目。这样不仅可以对经典优秀音乐文化起到保护、传承的作用，还能拉近中外优秀音乐文化与大众的距离。人们在结束一日的忙碌后，可能不太有时间去提升音乐技能、学习音乐知识，通过音乐类综艺节目，不仅可以聆听音乐获得放松，节目中汇聚的优质音乐文化元素也能对大众的审美情趣起到潜移默化的影响。

《声入人心》和《幻乐之城》之所以广受好评，是因为在浮躁的社会环境中，它们具有远超大多数节目的审美品位，满足了

---

① 参见《习近平：文艺工作者应该牢记，创作是自己的中心任务》，见中国新闻网（http://www.chinanews.com/gn/2016/01-26/7733249.shtml），2020-09-16。
② 杨立平：《高校美育是思政教育的载体》，载《光明日报》，2020年9月9日16版。

第五章 音乐类综艺节目的未来发展趋势探究

大众对美、对节目质感的追求。不少大众表示，《声入人心》让他们第一次静下心来看美声节目，这档节目既高级又接地气，让他们切实感受到了美声艺术的美。美声本是大众观念中的高雅艺术，制作者们将它融入音乐类综艺节目中，颠覆了人们对它的刻板印象，让之前不了解美声艺术的观众也能感受到美声的魅力，使之成为大众喜闻乐见的艺术。节目不仅加入了不少青春化、时尚化的元素，拉近了美声与大众的距离，而且在节目的设置上，也不同于以往节目中强调竞技性、展现选手间的明争暗斗的做法，展现的是专业技巧的比拼以及选手之间的相互欣赏与成就，让节目呈现出专业性与纯洁性。此外，该节目成功扩宽了音乐剧、歌剧的受众面，不少人在观看节目后开始走进剧院欣赏音乐剧与歌剧。高雅音乐是音乐文化美育的重要内容，相比通俗音乐，有着更强的思想性、专业性，对大众的认知、教化作用更强，但对欣赏者的艺术素养也有更高的要求。《声入人心》成功将原本深奥难懂的高雅音乐带入主流大众的视野，成为连接高雅文化与大众的桥梁，成功地寓教于乐，传递文化价值，实现文化效益、经济效益、社会效益的统一。

（三）贴近大众，传递价值观，弘扬正能量

习近平总书记 2014 年 10 月 15 日在文艺工作座谈会上说过："我们要通过文艺作品传递真善美，传递向上向善的价值观，引导人们增强道德判断力和道德荣誉感，向往和追求讲道德、尊道德、守道德的生活。只要中华民族一代接着一代追求真善美的道德境界，我们的民族就永远健康向上、永远充满希望。"① 节目传递出的价值观，既是社会文化担当的体现，也是衡量一档节目影响力的重要指标。浙江卫视前总监夏陈安曾强调，内容为王的时代，只有传递价值观的作品才会有穿透力。② 湖南卫视总监张华立也表达过"导向金不换"的观点，指出节目在考虑如何传递价值观时，要做到润物细无声，不能引发观众的反感。③ 在影视作品层出不穷的今天，假大空的内容早已不能吸引观众的注意力，只有传递出真善美的价值观，才能让观众产生共鸣。

要想润物细无声首先要贴近社会大众，为此，音乐类综艺节目做了不少尝试。首先在选择嘉宾时会尽量多元化，希望通过各色人物来反映中国社会中人们真实的生存状态，并通过他们来弘扬正能量。例如在《中国有嘻哈》中，节目中的选手有教师、职员、待业者、创业者、演员，包括各种不同职业的人物。他们在节目中展示自我，通过各自的嘻哈作品表达对生活、对社会的感悟与态度。从他们身上，观众可以看到普通人对梦想的不懈追求，他们传递出的做最真实的自我、坚守梦想的价值观引发了无数共鸣。这也是节目能达到"全民皆嘻哈"传播效果的重要因素。其次，节目会在各个环节中展现更多的生活化元素，传递出积极向上的生活态度。例如在《无限歌谣季》中，节目的一大亮点在于"把生活写成歌"，五组嘉宾从大众日常生活中搜寻音乐创作灵感。张绍刚与毛不易走进课堂，感受学生们的青春活

---

① 参见《习近平论社会主义核心价值体系（2014年）》，见学习强国（https://www.xuexi.cn/lgpage/detail/index.html?id=7551238581303191513&item_id=7551238581303191513），2020-09-16。

② 高七：《浙江卫视总监夏陈安：荧屏革新者》，见新浪娱乐（http://ent.sina.com.cn/v/m/2012-12-27/09253821790.shtml），2020-08-03。

③ 昌晋良：《张华立：坚持"导向金不换"》，见红网（https://hn.rednet.cn/c/2016/03/11/3931263.htm），2020-08-03。

第五章 音乐类综艺节目的未来发展趋势探究

力;杨迪与符龙飞前往四川泸州太平镇,在当地人中搜集赤水河船工号子;岳云鹏前往自己成名前工作的面馆,重温记忆中的味道。节目有意识地褪去嘉宾身上的明星光环,展现他们身上勤劳向上、积极进取的一面,展现他们对生命、情感、成功、家庭等问题的思考,传递出真善美的价值观。

相比几年前的音乐类综艺节目强调竞技、强调比拼,通过博弈带来的刺激吸引眼球,当下的音乐类综艺节目制作人们都在思考如何塑造正能量的内核去引领"潮流",给节目注入更多正向价值。例如,在《梦想的声音》中,嘉宾都是拥有多年舞台经验、实力广受认可的歌手,如谭维维、胡彦斌、林俊杰等。节目中,他们不断挑战各种自己之前并不熟悉的曲风和音乐形式,如张靓颖挑战摇滚、古风,林俊杰尝试音乐剧等。这些知名歌手不安于现状,不断突破自我的大胆尝试,给年轻观众们带来鼓舞。《声入人心》坚持"让音乐回归纯粹,让歌手回归初心"的理念,强化选手间的配合与协作,展现他们对艺术的传承、对梦想的奋勇追求,从节目过半都未登上舞台却始终坚持的梁朋杰,到即便单耳失聪依旧努力与搭档配合呈现完美舞台效果的陆宇鹏,节目都一一记录下他们成长的过程。通过这些温暖的故事打动人心,在潜移默化中将奋斗、传承、青春、合作等正能量传递给观众,带给观众正向的引导力,激励他们不断奋斗前行,不仅"声"入人心,更是让节目传递的价值观深入人心。

结　　论

笔者以当前互联网时代的音乐类综艺节目为研究对象，从整个音乐类综艺节目所面临的行业环境、发展历程、内容类型、节目模式、特征呈现等方面入手，分析该类节目所存在的问题及未来发展趋势，并对一些有代表性的行业问题进行总结提炼，通过案例分析进行思考，得出较为客观的结论，为行业发展提出理论依据及现实方法论。笔者研究得出如下结论：

从音乐类综艺节目的诞生及发展脉络上来看，该类节目的诞生与电视媒介和整个社会的文化发展进步密不可分。综艺节目在不同的发展阶段，受到行业技术条件、审美观念的影响，体现了时代风貌，也能在一定程度上反应出不同时代所面临的行业市场问题。事实上，伴随着电视文化以及音乐文化的发展，音乐类电视综艺节目经历了数十年的发展与历史转型，不论是萌芽时期、节目形式模仿时期还是海外节目模式的大量引进时期，都为此后节目数量井喷式增长与内容同质化发展埋下了伏笔，由此引发了综艺节目垂直细分发展的全新阶段。

在音乐类综艺节目的类型划分研究领域，笔者认为当前音乐类综艺节目不断垂直化发展必然引发内容的细分。在经历了音乐类综艺节目大、全、杂的发展阶段后，节目制作方很难再制作出能够满足所有受众的新品，因此，走垂直细分的发展道路是大势所趋，也是符合互联网时代用户的精准节目选择行为的。在这一背景下，音乐类综艺节目开辟了全新的发展道路，这一道路离不开社会文化氛围、技术发展、政策支持、市场调控等多方面的共

结 论

同作用；同时也在检验音乐类综艺节目制作团队在当前媒介形式下能否发挥自身优势，是否有做出精品的业务能力与审美水平。

不断垂直化发展的音乐类综艺节目，其自身具有在其他发展历程所不具备的特征，不论是节目的内容、形式还是专业精准度以及所应对的市场化空间，都能够体现出垂直发展时期音乐类综艺节目所具备的优势。从内容垂直的角度来看，这一突出优势体现得更为鲜明，在一定程度上增强了传统音乐文化的承载功能，更能够体现出传统文化的价值观念，并提升了节目的艺术性与审美性，给予受众专业的内容与审美体验，还能够丰富市场上的综艺节目类型，为市场带来更多的节目资源，增强综艺节目市场的活力；更为重要的是，可以挽救小众音乐所面临的濒危局面，通过大众化的综艺节目传播，让传统音乐复苏。

从受众领域的角度对垂直发展的音乐类综艺节目的特征进行总结，则能够清晰地看出通过节目的垂直发展，能够使受众精准获取自己想看的节目资源。在以受众为市场导向的互联网时代，抓准受众的精准需求并加以引导，才能够对市场的定位有所把握，形成节目良性的发展圈层及空间。在垂直细分的基础上，利用大众化的表现形式积极破圈，才能实现节目有规模、有步骤、有准备的普及。

通过音乐类综艺节目的发展历程、类型分析以及特征呈现，笔者还总结出了该类节目在策划内容、制作流程、表现方式和传播渠道领域所面临的问题。例如，音乐文化如何与综艺节目有机融合，才能既保持音乐文化自身的独立特质，也能够为大众化的综艺节目形式所表达；在融合的过程中，音乐类综艺节目对传统音乐的传承是否客观、原生态，音乐作品与音乐人的版权是否能够在节目传播过程中得到保护；小众音乐类综艺节目如果无法破圈，如何面临市场狭小而经济价值有限的风险和不确定性，依然

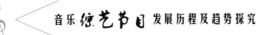

保持作品的热度和传播的持久度、广泛度。上述问题皆需要节目制作团队、相关专业人士进行客观、清醒的思考,将音乐类综艺节目垂直发展过程中所面临的问题在节目创作中的各个环节进行修正,同时,敏锐把握政策和市场动向,将音乐产业与电视产业中的资源进行广泛、深入的结合,推动行业整体向前发展。尽管当前依然存在唯流量论和吃粉丝红利重于打磨内容的现象,但从业者也应当看到,优质的内容,永远是促使节目向前发展的核心动力。

在合理分析音乐类综艺节目所存在的诸多问题后,笔者提出了一系列行业方法论,希望有助于该类节目顺利突围、有所创新。笔者认为,音乐类综艺节目在内容上要继续深耕,同时引领方向;形式上要有效利用媒介平台及技术打造节目自身的视听奇观,使节目的视听化效果尽可能得到完好呈现;还要注重传播过程中的文化价值实现。未来,音乐类综艺节目的发展策略是,要广泛发掘优质的节目资源以增加其内容创新原动力,让节目不断在音乐领域探索空白题材并进行商业化制作与传播。当然也需要制作及运营团队在进行节目创作的过程中,尊重音乐文化本身,保持其固有特色,减少节目在综艺化过程中对其自身的原生态破坏,以获得发展空间,带动该类节目所覆盖的文化产业链条,达到多方共赢。

未来的音乐类综艺节目发展具有无限的可能性,不论对于音乐产业还是综艺节目制作产业,该类节目的发展都能够对两者产生深度影响。经历不同发展阶段的音乐类综艺节目,对受众的内容输出、审美价值引领和专业知识建构一直具有责任与使命,生产高质量、高水准的音乐类综艺节目,是这一行业存在并发展的核心价值。

参考文献

一、专著

波兹曼. 娱乐至死[M]. 桂林：广西师范大学出版社，2004.

操奇，朱喆. 艺术文化学[M]. 北京：北京大学出版社，2011.

常昌富，李依清. 大众传播学：影响研究范式[M]. 北京：中国社会科学出版社，2000.

程德安. 媒介知识产权[M]. 重庆：西南师范大学出版社，2005.

菲斯克. 电视文化[M]. 北京：商务印书馆，2005.

高鑫. 电视艺术学[M]. 北京：北京师范大学出版社，1998.

宫承波，张君昌，王甫. 真人秀在中国[M]. 北京：中国广播影视出版社，2005.

郭庆光. 传播学教程[M]. 北京：中国人民大学出版社，2011.

哈金. 小众行为学[M]. 北京：北京时代华文书局，2015.

赫伯迪格. 亚文化：风格的意义[M]. 陆道夫，胡疆锋，译. 北京：北京大学出版社，2009.

胡疆锋. 伯明翰学派青年亚文化理论研究[M]. 北京：中国社会科学出版社. 2012.

黄晓阳. 魏文彬和他的电视湘军[M]. 北京：新华出版

社，2006.

姜燕. 影视声音艺术与制作［M］. 北京：中国传媒大学出版社，2008.

朗格. 情感与形式［M］. 北京：中国社会科学出版社，1986.

李岭涛，吴秀娥. 品牌中国电视［M］. 北京：中国广播电视出版社，2006.

刘国庆. 玲珑之雕：论受众细分［M］. 北京：中国广播电视出版社，2007.

刘立群，傅宁. 美国电视节目形态［M］. 北京：中国传媒大学出版社，2008.

施拉姆，波特. 传播学概论［M］. 北京：中国人民大学出版社，2010.

史密斯. 流媒体时代：新媒体与娱乐行业的未来［M］. 北京：中信出版社，2019.

谢耕耘，陈虹. 真人秀节目：理论、形态和创新［M］. 上海：复旦大学出版社，2007.

尹红. 认识电视真人秀［M］. 北京：中国广播电视出版社，2006.

游洁. 电视策划教程［M］. 北京：中国传媒大学出版社，2007.

张菁，关玲. 影视视听语言［M］. 北京：中国传媒大学出版社，2013.

赵玉明，王福顺. 广播电视辞典［M］. 北京：北京广播学院出版社，1999.

二、论文

安利利. 文化综艺节目《一本好书》的传播策略研究:基于"使用与满足"理论[J]. 艺术教育,2019(11):112-113.

博胜集团. 去哪儿网×湖南卫视《声入人心》破"圈"入"局"实现品牌与内容共赢[J]. 声屏世界(广告人),2019(12):109-112.

操奕恒. 浅谈电视音乐真人秀节目对中国美声推广的意义:以《声入人心》为例[J]. 戏剧之家,2019(28):62,64.

常艺馨. 新媒体语境下偶像养成节目的创新初探:以《偶像练习生》节目为例[J]. 科技传播,2018(9):22-23.

陈敏. 中国嘻哈文化的本土化及其启示[J]. 中华文化论坛,2013(7):162-165.

陈婉乔. 音乐类综艺节目对音乐文化产业的推动[J]. 音乐传播,2018(2):60-63.

陈文婷. 网络短视频中的草根狂欢:快手亚文化现象研究[D]. 杭州:浙江传媒学院,2018.

陈怡含. 谈音乐综艺节目《乐队的夏天》的突破与创新[J]. 当代电视,2020(1):27-30.

成青青. 视频网站自制综艺节目形态创新研究[D]. 重庆:重庆大学,2017.

崔旭东. 诉求与营销[D]. 西安:陕西师范大学,2014.

戴旦旦. 中国当代电视选秀节目中流行音乐发展的问题与对策[J]. 艺术评鉴,2018(19):166-167.

傅建轩. 当代青年亚文化影响下的青年思想政治教育研究[D]. 南昌:江西农业大学,2011.

付龙,刘思彤. 从音乐电视到音乐竞演的审美转向［J］. 中国电视,2019（7）：86－89.

龚文军. 基于百度贴吧垂直细分领域营销策略研究［D］. 北京：北京邮电大学,2017.

郭婧. 新媒体时代偶像养成类综艺节目营销策略研究：以《明日之子水晶时代》为例［J］. 新媒体研究,2019（16）：83－84.

郭思雨. 融合与创新：电视综艺节目的新突破［J］. 西部广播电视,2019（2）：1－2.

韩勇. 音乐真人秀节目的受众心理研究［D］. 曲阜：曲阜师范大学,2018.

和一成. 抵抗与收编：独立音乐人的圈子与文化［D］. 昆明：云南大学,2019.

胡满江. 浅析小众文化自制网综的成功之道：以《乐队的夏天》为例［J］. 新闻研究导刊,2019（14）：104－105.

胡翼青. 论网际空间的"使用—满足理论"［J］. 江苏社会科学,2003（6）：204－208.

黄傲彤. 浅析网络时代选秀综艺节目的策划：以《创造101》为例子［J］. 电视指南,2018（14）：166.

黄兰椿. "走出去还是引进来"：简析我国音乐类节目发展困境［J］. 文化创新比较研究,2018（13）：59－60.

黄敏. 新媒体节目的垂直受众分析：以《看理想》为例［J］. 新媒体研究,2018（9）：13－14.

黄蕴韵. 国内音乐选秀节目模式创新研究［D］. 广州：华南理工大学,2017.

姜明. 大众文化视域下的中国粉丝文化研究［D］. 长春：吉林大学,2016.

靖秋. 《偶像练习生》的叙事策略［J］. 青年记者, 2018 (14): 99.

柯弄璋. 街舞类综艺节目的设计与制作: 以《这！就是街舞》及《热血街舞团》为例［J］. 影视制作, 2018 (6): 85-87.

李蓓. 音乐剧飞入寻常百姓家: 记综艺节目《声入人心》［J］. 戏剧之家, 2019 (36): 28-29.

李春阳. 小众文化节目的大众化传播探索: 以《声入人心》为例［J］. 新媒体研究, 2019 (11): 115-116.

李芳. 电视音乐节目形态研究［D］. 湘潭: 湘潭大学, 2010.

李佳翼. 从《见字如面》看我国电视综艺节目的垂直化发展策略［J］. 东南传播, 2018 (4): 124-125.

李建伟. "互联网+"背景下纯网综艺节目的价值导向研究［J］. 西部广播电视, 2018 (05): 73, 75.

李静. 垂直类综艺节目对粉丝文化的占位与赋权［J］. 当代电视, 2019 (10): 39-42.

李玲. 我国音乐选秀类节目的创新与传播: 以《中国有嘻哈》为例［J］. 新闻战线, 2018 (14): 116-117.

李凌枫. 综艺节目音乐版权之探索［J］. 传媒论坛, 2019 (7): 171-172.

李爽. 新人、新歌、新意境［D］. 保定: 河北大学, 2018.

李婷. 当代青年亚文化视角下的纯网综艺节目研究［D］. 济南: 山东艺术学院, 2019.

李昕萌. 约翰·费斯克电视文化理论视域下的女性形象编码方式解读［J］. 西部学刊, 2018 (11): 27-29.

李重谦, 牛绿林. 音乐综艺发展趋势以及创新［J］. 戏剧之家,2019(11):79,81.

梁可. 从《中国有嘻哈》看青年亚文化热[J]. 传播力研究,2017(8):84,109.

刘波维. 电视综艺节目垂直细分传播研究[J]. 中国广播电视学刊,2018(8):39-42,73.

刘戈. 音乐综艺节目的调整和转型方式[J]. 新闻战线,2018(12):108-109.

刘红叶. 从《创造101》看国内偶像养成节目的发展现状与困境[J]. 新闻研究导刊,2018(9):113,115.

刘军谊,张婷婷. 新媒体时代综艺节目的营销策略研究:以《中国有嘻哈》为例[J]. 新媒体研究,2019(6):64-65.

刘茜,王雪雁. 浅谈"小众音乐"[J]. 音乐时空,2013(5):74-75.

刘婷. 中国电视文化身份的新世纪转向[D]. 长春:吉林大学,2015.

罗朋,殷亚莉. 电视综艺节目音乐翻唱侵权现象解析[J]. 新闻战线,2019(1):119-122.

罗茜. 中国独立音乐的亚文化研究[D]. 哈尔滨:黑龙江大学,2019.

马中红. 商业逻辑与青年亚文化[J]. 青年研究,2010(2):60-67,95-96.

潘蕙. 中国音乐类电视真人秀节目模式研究[D]. 济南:山东师范大学,2017.

潘亚楠. 互联网综艺热现象研究[J]. 中国广播电视学刊,2016(3):68-70,89.

秦嘉璐. 专业歌手真人秀节目对比研究[D]. 武汉:华中师范大学,2018.

参考文献

秦先普. 如何打造沉浸式真人秀?：专访《这！就是街舞》总导演陆伟［J］. 中国广告，2018（9）：34－38.

任飞. 传播学视野下的中国当代流行音乐研究［D］. 济南：山东大学，2012.

邵将. 探析文化类综艺节目在媒介融合环境下的审美突围［J］. 电影评介，2017（11）：45－47.

申韵清. 垂直类财经新媒体的运营管理研究［D］. 广州：华南理工大学，2018.

史丰瑞. 我国音乐类电视娱乐节目类型分析［D］. 长春：吉林大学，2014.

史栎含. 网络自制综艺节目的营销策略研究：以《我是唱作人》为例［J］. 现代营销（经营版），2019（8）：101.

汤瑞.《歌从黄河来》节目的大众化传播［J］. 当代电视，2019（12）：27－29.

唐文和. 自制小众文化网综的大众化探索：以《中国有嘻哈》为例［J］. 出版广角，2017（20）：74－76.

童懿，姚志明. 论我国选秀综艺节目营销策略：兼论《中国有嘻哈》的网络互动营销［J］. 现代营销（下旬刊），2018（9）：78.

万馨. 网络自制音乐类选秀节目《中国有嘻哈》的成功因素分析［J］. 视听，2017（11）：88－89.

王嘉悦.《这！就是街舞》：大型街舞文化网络公开课［J］. 新闻研究导刊，2018（22）：103－105.

王潇. 垂直领域：电视媒体发力新方向［J］. 科技传播，2018（12）：13－14.

王真. 抵抗与收编：新媒体环境下青年亚文化群体的身份认同建构［D］. 武汉：华中师范大学，2018.

王梓懿. 新形势下我国综艺节目垂直化创新发展研究［J］. 当代电视, 2019（11）: 54-58.

魏晓凡. 网络化进程中的音乐传播: 特征与趋势［D］. 北京: 中国传媒大学, 2013.

谢智敏. 中国音乐类真人秀节目模式的发展流变研究［D］. 广州: 华南理工大学, 2019.

信潇, 雷雅. 从《一起乐队吧》看我国网络自制音乐综艺节目的突破与创新［J］. 卫星电视与宽带多媒体, 2019（16）: 109-110.

许倩倩. 纯网综艺的青年亚文化解读［D］. 徐州: 江苏师范大学, 2017.

许哲敏. 从《幻乐之城》看原创音乐类节目的创新［J］. 电视研究, 2019（2）: 41-43.

薛凯丽. 亚文化的重塑与整合: 论互联网时代青年亚文化的转向: 以《中国有嘻哈》为例［J］. 东南传播, 2018（8）: 47-48.

闫玉刚. 垂直媒体的本质重构与多元价值开发［J］. 新闻论坛, 2016（4）: 14-16.

杨杰. 舞蹈节目也能打造"超级网综"?: 以《这, 就是街舞!》《热血街舞团》比较为例［J］. 传播力研究, 2018（21）: 52.

易华勇.《现代家庭报》在垂直细分领域的转型发展研究［D］. 桂林: 广西师范大学, 2017.

易蓉. 亚文化的本土化研究: 以"有中国特色"的摇滚乐为例［D］. 北京: 首都师范大学, 2008.

尹琪琪.《中国有嘻哈》小众文化的大众化传播策略［D］. 长沙: 湖南大学, 2018.

喻溟源. 近三年中国纯网综艺节目研究（2014—2016）[D]. 湘潭：湖南科技大学，2017.

余宁.《声临其境》：垂直类综艺成功之道[J]. 视听界，2018（3）：69-72.

张丹妮. 符号学视角下我国电视音乐类真人秀节目研究[D]. 南昌：江西财经大学，2018.

张临台.《中国好声音》"红火背后"的喜与忧[J]. 音乐时空，2012（10）：113-115.

张明珠. 从《中国有嘻哈》看网络综艺挖掘小众文化之路[J]. 西部广播电视，2017（19）：113-114.

张琪琳. 新媒体时代下的节目营销策略：以《中国有嘻哈》为例[J]. 传播力研究，2018（22）：102.

张稳. 纯网综艺节目的创作模式与传播特征[D]. 济南：山东师范大学，2018.

张怡文. 中国电视音乐节目发展与创新研究[D]. 金华：浙江师范大学，2014.

张瑜，王楠. 谈网络音乐选秀节目《中国有嘻哈》的火爆原因[J]. 当代电视，2017（12）：53-54.

赵亚欣. 爱奇艺自制综艺现状及发展趋势研究[D]. 保定：河北大学，2017.

郑向荣，王爽. 电视音乐类综艺节目创新发展路径解析[J]. 中国电视，2018（12）：82-85.

周莉.《中国好声音》对受众的需求满足[J]. 新闻世界，2012（9）：238-239.

周敏. 网络综艺与青少年发展之研究综述[J]. 北京青年研究，2017（3）：35-40.

周平，陈雅琴. 谈电视真人秀节目的本土化策略：以《奔跑吧兄弟》为例［J］. 语文学刊（教育版），2015（23）：88－89.

周雪涛，杜晓琳. 真人秀节目的面面观［J］. 青年记者，2007（15）：59－60.

三、报刊

陈俊宇. 综艺发展：创新成为行业标识［N］. 工人日报，2019－01－07（5）.

胡一婧.《即刻电音》展示年轻人的"能玩会造"［N］. 人民日报海外版，2018－12－03（7）.

黄启哲. 音乐选秀为何打出"小众"牌［N］. 文汇报，2015－01－29（12）.

江耀近. 电视综艺：转型提质正当时［N］. 人民日报，2019－3－7（20）.

杨媚. 小众音乐"逆袭"大众市场是迎合还是机遇？［N］. 深圳特区报，2015－03－09（B5）.